U0688078

就业视角下的大学生自我管理与能力培养研究

徐 远◎著

中国原子能出版社

图书在版编目（CIP）数据

就业视角下的大学生自我管理与能力培养研究 / 徐远著
. --北京：中国原子能出版社，2023.5
ISBN 978-7-5221-2716-3

Ⅰ. ①就… Ⅱ. ①徐… Ⅲ. ①大学生–自我管理–研
究②大学生–能力培养–研究 Ⅳ. ①G645.5

中国国家版本馆 CIP 数据核字（2023）第 088017 号

就业视角下的大学生自我管理与能力培养研究

出版发行	中国原子能出版社（北京市海淀区阜成路 43 号　100048）	
责任编辑	杨晓宇	
责任印制	赵　明	
印　　刷	北京天恒嘉业印刷有限公司	
经　　销	全国新华书店	
开　　本	787 mm×1092 mm　1/16	
印　　张	13.25	
字　　数	210 千字	
版　　次	2023 年 5 月第 1 版　2023 年 5 月第 1 次印刷	
书　　号	ISBN 978-7-5221-2716-3	定　价　72.00 元

网址：**http://www.aep.com.cn** 　　E-mail：**atomep123@126.com**
发行电话：**010-68452845**

作者简介

徐远，1988 年 5 月出生，男，汉族，浙江绍兴人，西南交通大学硕士研究生，中国民用航空飞行学院助理研究员，现任职中国民用航空飞行学院大学生就业指导中心主任，主要研究方向：高校管理、高校学生管理、大学生就业创业指导、大学生职业生涯规划指导、人力资源研究。发表多篇论文，主持多部课题，并获得多项创业和就业比赛奖项。

前　言

对于许多人来说，一生有许多时光都在寻找适合自己的那份工作，很多伟人在青年时代便有独到的人生见解，甚至拥有一些不为人知的个人生涯设计。现代职业生涯设计具有重要意义，既能够帮助人们达成理想目标，又能让人们对自己有真正的了解，继而沿着科学合理的职业生涯发展方向一路前行。如今社会竞争日趋激烈，个人唯有充分发挥自身的竞争优势，方能将转瞬即逝的机会牢牢抓住，实现自身人生理想。大学生就业与职业规划具有前瞻性，借助它的力量，大学生就能在人生道路上减少迷茫与彷徨，争分夺秒实现人生目标。

当今高等教育的重要课题之一是如何创新育人思路、转变育人模式、实现学生能力的有效提升。在育人工作开展过程中，大学生自我管理成为高校运用的新方法、采用的新模式，因而学术界、教育界也给予了广泛关注。然而，由于高校传统管理模式的限制，大学生自我管理无法向新的高度迈进。从宏观角度看，大学生自我管理缺乏完善的制度保障；从微观角度看，大学生自我管理的价值未被厘清。所以，深入探讨、研究大学生自我管理是很有必要的。

本书共分为七章。第一章为自我管理相关概述，分为自我管理及其特征、自我管理能力及其构成、大学生自我管理的意义、大学生自我管理的步骤四节；第二章从认识目标管理、目标管理的应用两个层次分析了目标管理这一对象；第三章是情绪管理，从大学生活中的不良情绪、不良情绪的管理、健康情绪的养成、处理人际关系四个方面展开论述；第四章围绕学习管理进行分析，分为学习管理的内涵、学习习惯与学习方法的养成两节；第五章主要阐述时间管理，分为大学生时间自我管理的内涵及意义、大学生时间自我管理的技能构成、大学生时间自我管理的技能开发、大学生时间自我管理的评价四节；第六章是行动力管理，包含行动力概述、行动力提升两节；第七章则从职业生涯概况、职业生涯的诊断、职业生涯的选择、职业生涯的管理四个方面阐述职业生涯管理这一主题。本书内容系统全面，论述条理清晰、深入浅出。

在撰写本书的过程中，作者得到了许多专家学者的帮助和指导，参考了大量的学术文献，在此表示真诚的感谢！

限于作者水平，加之时间仓促，本书难免存在一些疏漏，在此，恳请同行专家和读者朋友批评指正！

作者

目录

第一章　自我管理相关概述

自我管理注重的是一个人的自我教导及约束的力量，亦即行为的制约是透过内控的力量，而非外控力量。本章主题为自我管理相关概述，分为自我管理及其特征、自我管理能力及其构成、大学生自我管理的意义、大学生自我管理的步骤四节。

第一节　自我管理及其特征

一、自我管理的定义

有人类活动就有管理，它无处不在，无时不在。管理自始就包括自我管理。自我管理的理论是彼得·德鲁克先生在 1954 年提出的。他认为，所谓自我管理，就是指个体对自己的行动、心理、思想、目标等表现以及自己本身进行的管理。自己组织自己，对自己进行管理、激励与约束。

从不同的学科门类的研究角度，可将自我管理的定义主要分为以下几种。

（一）心理学范畴的自我管理定义

分析心理学的自我管理研究分为两类。

精神心理学派以弗洛伊德为代表，他认为，本我、自我、超我是人格的三大组成部分。

所谓本我，就是原始的自己，也被称为"原我"，是一切心理能量之源，涉及人类生存所需的生命力、冲动和基本欲望。本我的一切行事都遵循快乐原则，不受外在行为规范限制，不在乎社会道德，"获得快乐、规避痛苦"是本我行事的唯一要求。本我的目标是寻求个体的生存、繁殖与舒适，个体无法觉察本我，它是无意识的。

所谓自我，意思就是自己，是个体自身能够意识到的执行记忆、判断、感觉、思考的部分。自我的机能使寻求"本我"的冲动得以满足，同时对整个机体进行保护，防止遭受伤害。自我对现实原则进行遵循，服务于本我。

在人格结构中，超我代表着理想，具体而言，在成长过程中，个体通过内化社会及文化环境的价值观念、内化道德规范所形成的便是超我。超我以"管束、批判、监督自己的行为"为主要机能，以"追求完美"为特点。超我大部分是无意识的，同时它也是非现实的。超我对"道德原则"进行遵循，要求自我在对本我进行满足时，需要依照社会可接受的方式进行。

本我、自我、超我之间既有联系，又有区别。三者的不同之处在于，本我是人的生物本能，代表遗传因素；自我主要取决于社会环境和个人经验；超我代表着外部世界的理想，从本质来看，其继承于外部世界与他人，被父母或父母的替代所影响。三者的联系之处在于，基于本我，自我与超我得以形成与发展；在人格结构中，自我是中枢系统，调节、控制人的动机与行为，不断在超我、现实环境与本我之间周旋，对它们之间的关系进行协调与平衡，同时担负着多方面的挑战与压力，尽可能对自我的焦虑乃至解体加以避免；超我分化自我，是道德规范的仲裁者、社会文化传统的卫道士，在自我上强加自己的好恶。

精神心理学派的自我管理认为，自我对客观事物施加影响并在一定程度上涉及潜意识活动。因此，精神心理学派主要进行的是自我意识、自我控制的研究，认为自我管理是自我对于本我和超我的协调，自我管理有着如下目的：采用更为社会所接受的方式，对人的生物本能进行满足，对内疚进行有效避免。

非精神心理学派（主要指发展心理学、认知心理学和社会心理学等）认为，自我是作为对象或客体（object）具有反身意识性质的自我或自身（self）。美国心理学之父威廉·詹姆斯关于自我的立论奠定了现代研究自我观念的基础。他认为自我是"实证的自我"，有好几种元素：物质的自我（我们的身体、所有物、家人）、社会的自我（个体的社会特征、私人关系、种族、政治倾向、职业和爱好）、精神的自我（内在的思想品质、心灵功能或者性格的集合）。实证的自我总体来说是可研究的，能通过内省的办法和观察的办法加以探索。指出人的行为是"有目的的行为"，并提出了"自我控制""选择""自我功效"等自我管理的相关概念。

斯金纳的行为主义观点认为，人们是否做出某种行为，只取决于一个因素：那就是行为的后果。人们无法对自己的行为进行选择，采用何种方式行动，主要取决于奖惩。提出要通过习得和训练获取理想行为或校正不良行为的观念。相对于外在的奖惩系统，自我管理强调个体的主动性，是以目标为导向的一个运用行为和认知策略的过程。20 世纪 80 年代，美国有心理学家提出"关于人类自我决定行为的动机过程理论"。在这一理论看来，人属于积极的有机体，天然拥有心理成长、发展的潜能。自我决定便属于经验选择的潜能，是个体基于对环境信息、个人需要的充分认识，自由地选择行动。人们在自我决定潜能的引导下，能够做出对能力发展大有裨益的、令自己感兴趣的行为，而人类行为的内在动机，也恰恰由"追求自我决定"构成。这一理论对如下过程进行描述：外在结构、奖励、控制内化，并在自我管理系统中得到整合。需要层次理论（即马斯洛的动机理论）提出，需要的满足密切关系着人类动机的发展，"需要"有不同的层次，有的层次较高，有的层次较低，生理需要属于低层次需要，而再往上，从低到高分别为安全、爱与归属、尊重和自我实现的需要。

所谓自我实现，就是充分发挥自身的创造潜能。人的最高动机就是对自我实现的追求，其特征为忘我献身于某一事业。高层次的自我实现的特征为超越自我，社会价值极高。健全社会的职能在于促进普遍的自我实现。自我管理是通向自我实现的唯一必经途径。

在科尔伯格看来，人的心理是一种内部结构的发展过程，其特征为水平地不断提高，是外部、内部彼此作用的结果。道德并不会被强加于个体，个体在对个体道德判断进行建构时，会向各种社会关系积极、主动地介入，通过其社会经验形成特定思维方式，特别是通过对他人观点进行吸纳与采取、以各种情感为基础作出自己的判断①。美国心理学家约翰·弗拉维尔提出的元认知是指"为完成某一具体目标或任务,依据认知对象对认知过程进行主动的监测以及不断的调节和协调。""个人在对自身认知过程意识的基础上,对其认知过程进行自我反省、自我觉察、自我控制与自我调节。"②元认知是认知、体验和控制的过程,自我管理即属于这一过程。简言之,自我管理就是人类管理自身,是一个人对自我进行认识和完善的过程。"人应该自己管理自己,不应该被他人管理。人的自我管理即指人的内在自由与外在自由步调一致。"

具体而言,自我管理指的是个体对自身的行为与心理活动进行主动调整,对不当冲动加以控制,对不利情境予以克服,积极主动地谋求发展,形成良好的心理品质。毋庸置疑的是,对于整个社会心理健康状况、活动绩效、适应效果而言,个体自我管理水平的高低和个体心理品质的好坏有着十分重要的影响。

阿尔伯特·班杜拉的社会认知理论将个体的认知、行为及所处环境放在了一个动态的系统中进行考察,得到了"三元交互作用系统"(行为、主体、环境)。

在他看来,个体的活动是三个变量(环境、行为、认知)不断相互作用的函数。在受到外在影响时,个体既有积极反应,又有消极反应。相对应地,个体的反应也可能改变外在环境。上述相互的影响,让"个体影响自身发展"成为可能。从这个模型来看,环境、行为、个体三个变量彼此作用的结果就是"自我管理"。班杜拉非常关注个体的影响因素,这些因素涉及人的情绪情感过程、知识、信念(如自我效能感等)。班杜拉提出了一个重要概念——个体自理性,指的是个体有能力对信息进行主动选择、有能力主动做出决策判断,也有能力做出目标导向行为,从而实现既定目标。自我反省、对自身活动的自我调节、前瞻性思维、行为的目的性是"个体自理性"这一概念的四大特征。

1977 年,班杜拉又提出"自我效能感"概念,用"个体对自己完成既定目

---

① 科尔伯格. 道德发展心理学 道德阶段的本质与确证 [M]. 郭本禹,等译. 上海:华东师范大学出版社,2004.

② 姜英杰. 元认知的理论与实证研究 [M]. 长春:东北师范大学出版社,2007.

标所需的行为组织和执行能力的判断"对其定义。自我效能感是一种自我认知，起到控制知识和行为之间相互关系过程的作用。面对既定任务，自我效能感决定了行动者是积极努力去完成还是回避这个重要选择。个体对效能预期越高，就越倾向做出更大努力。班杜拉指出了四点影响自我效能形成的因素，即直接的成败经验、替代性经验、言语劝说和情绪的唤起。他认为自我概念主要反映的是人们对个人效能的信念。个人控制使一个人能预期事件并使之成为所期待的样子。个体自我管理模型，即自我观察、自我评估、自我反应[①]。可见，非精神分析心理学研究中的自我管理，指的是在意识层面上、在认知作用下，人对自己心理和行为的控制和调节。自我调节有着四个彼此作用、彼此关联的阶段，分别为目标选择、目标认识、维持方向与目标终止。如前所述，自己对自己进行管理是自我管理的内涵所在，自我管理这种行为就是一种自我约束与调控。具体而言，指的是个人对自己的行为、心理、思想自觉地进行约束、控制与调节。

概括而言，自我管理在心理学上的定义，就是个体通过对目标的主动设定、对行动的积极采取，对自身行为与心理活动进行调整，对自身绩效加以评估与监控，并予以调节，积极谋求发展，收获良好适应的心理品质，完成自我实现目标，对自身命运进行塑造的过程。

（二）哲学范畴的自我管理定义

哲学范畴的研究认为：一方面，在现实生活中，自我管理问题是重大问题；另一方面，在关于人的哲学问题中，自我管理问题也是关键且重要的。依据对立统一规律，用矛盾分析法研究自我管理，强调自我管理是人在社会实践活动中处理并解决各种矛盾的方式。

自我管理属于人的存在方式，是人类诞生以来的基本事实。在自我与社会的良性互动关系中、在自我与组织的对立统一中、在客我与主我的两重矛盾中，内在地生成了自我管理。

---

① 班杜拉. 思想和行动的社会基础社会认知论第 2 卷 [M]. 林颖，等译. 上海：华东师范大学出版社，2001.

人的自我其实就是生命个体，总是通过实践对自身、社会与自然进行认识与改造。在发展过程中，自我不仅对自然进行认识与改造，更对自己进行认识、审视与改造。"自我"能够被分解为客体的"我"和主体的"我"，也就是"客我"与"主我"。这就意味着，自我既能成为自己的客体，也能成为自己的主体。当主体反思、体察自己的某一部分、某一方面，并进行改造、调整时，被调整、改造的这部分自我便属于"客我"。在能动性活动中，人将自己对象化，人与自身的主客体关系也随之产生。

完整的个体自我构成于客我和主我，"实践关系"是自我的主客体的基本关系，也就是主我对客我进行改造与调整的关系，现实的自我管理、自我改造活动也基于这一关系而得以构成，最终确保自我的实现。

自我实现、自我改造、自我满足、自我意识的过程，就是个体的自我主客体关系表现。客我与主我的两重矛盾，内在地提出了自我管理（如自我协调、自我控制等）的要求，继而助推自我和谐、实现自我发展。若想要达成既定目标，人就要对自己负责，以此为基础进行自我管理。在每一项具体的实践活动中，人首先要能把自己的意图和体验、思想和感觉及时客观地报告给自己，形成对自己意识和行为正确的自我认识进而制定活动目标；活动过程中必须将活动的实际进展方向、活动客体、活动结果与原定目的进行对照，并作相应自我修正；为求得主我与客我的协调，必须进行自我控制，根据既定目标让主我制约客我，有效推动积极行为、抑制消极行为，努力达成目标。要解决主我与客我的矛盾必须进行自我管理。自我管理不但改变了自我的内部世界，而且也改变着外部环境。人类的进步与发展，也是个人不断地自我管理、自我提高的过程。

从哲学领域研究自我管理，将人的全面发展作为其最终目标和最高目标。从哲学意义上对自我管理进行考察，不难看出，在深刻反省传统管理的理论、实践之后，自我管理便得以诞生，自我管理将管理对象从外部向内部转移，聚焦于人类自身，融管理主客体为一人。毫不夸张地说，在管理思想史上，这一变革是划时代的。

哲学范畴的研究认为，自我管理是指个体在社会活动中，主我能动性地对客我进行体察和反思、调整和改造，处理自我矛盾，实现自我发展、自我协调以及与社会和组织良性互动关系的实践方式。有学者认为，所谓自我管理，就是置身现代化社会历史大背景，拥有自由能力、自主意识、自我意识的个人，基于对自身所处环境的正确认识，凭借合理的自我控制、协调、学习、设计等环节，以个人自我实现、全面发展的获得以及推动人类解放、社会进步为最终目标的能动活动。

（三）管理学范畴的自我管理定义

系统地研究管理活动及其基本规律的管理学，注重从自我资源配置的科学合理性、自我管理的有效性、自我管理的人本性、管理现代化与自我管理的关联性、自我管理目标与组织管理目标的一致性等方面对自我管理下定义，强调的是自我管理中管理的控制职能。

管理现代化是用新的科学思想和组织手段对当代社会和经济进行有效的管理，从而创造最佳经济效益的过程。最重要的精神是把管理纳入"一切为了人"的现代意识和规范。管理的现代化就是人性化、个性化、自主化。自我管理是现代管理的真正内涵和本质特征，是管理现代化的总趋向。现代管理是人本管理以及基于人本管理的自我管理已经成为共识。

管理理论发展以"人本管理"为必然结果，人本管理最终追求目标为"自我管理"，这种管理模式将人的自在的、全面的发展作为核心，创造相应的条件、环境。对于人本管理的实现而言，自我管理这种形式是颇为行之有效的。人的自由而全面发展是自我管理所渴望实现的人本目标，包括人的解放和人的素质的全面提升。

纵观管理历史，不难看出，其本质上是一部"个人力量的发展史"。之所以对自我管理如此强调，主要原因在于个人是管理责任的最终落脚点。人是自为存在的，是不断生成的生命存在。自我应不断对自己进行超越，让自己日益趋近自身设定的存在状态，唯有在孜孜不倦的自觉追求中，方能真正做到"自我实现"。所以，对于自我实现而言，自我管理是一条根本之路。

自我管理这种管理模式最节省成本。从效益角度出发，自我管理这一目标是令人向往的，其原因在于，自我管理能够让企业减少雇用员工作为管理者的成本（包括时间成本和货币成本），同时，自我管理也能让管理者节省更多时间，对更为重要的长期关键性问题进行处理。

人们一度认为，自我管理能够替代领导，能够让更多人对自身行为进行管理，最终达成一致于组织目标的结果。

个人能动地管理自己，就是自我管理。具体来说，在个体对所处管理环境进行适应，将清晰的管理目标建立起来后，通过不断的自我认识、调控、激励、教育的动态过程，一步步靠近于自我完善，继而尽可能地在管理系统中起到更大作用，最终获得最佳管理效益。自我管理是个体自我控制行为过程和思维运动，是调节自己的生命运动。组织构成于一个个的独立个体，所有人都是独立的行动主体。独立个体的任何一项动作，都有自我管理的参与，并非单纯组织管理的结果。因此，自我管理与组织管理的目标一致性越强、方式协调性越好，就能取得越好的效果。在集体管理中，个体是主要参与者，集体管理的效率取决于个体的自我管理水平。自我管理是在组织目标下的自我约束和自我控制，在自我认识、自我评价、自我教育等方面以完成组织目标为最终目标。柔性管理的核心便是自我管理。

国内许多学者认为，自我管理是个过程。有学者认为，自我管理这一管理过程是通过几个清楚步骤（如自我控制、协调、学习、设计、认识等）连贯而成的。从管理学意义上看，自我管理主要指的是员工的自我管理，即员工和组织经过授权、协商等途径，让员工接受目标指引，展开自我控制与自我管理，借助自我激励，让个人目标统一于组织目标。具体而言，自我管理指的是个体自己对目标进行设定、履行、反馈，最终完成目标的一个过程，其内涵包括自我控制、自我协调、自我教育、自我计划等。自我管理指的是，处在一个社会关系中的人，对自身能动性进行有效调动，对自己的行动进行控制和规划，对自己的思维加以训练与发展，对自己心理活动进行调节和完善的自我控制、自我教育、自我开发、自我评价、自我认识的完整过程，最终目的是确保个人目标的实现。自我管理是个体为获取社会中更大的生存空间、发展空间，为不断满足精神需要、物质需求，继而筹划、控制自身思想、观念、行为的过程。自我管理是指一个人对自我行为、心理活动进行主动管理、调控的过程，是一种集合性的心理和活动系统，涉及个体多维度、多层次。"自我控制"是自我管理的实质，当自我为客体时，个人需要进行自我反馈、激励与调节；当自我作为主体时，个人需要进行自我调试、控制与认识。

概括而言，自我管理就是立足个人合理的价值观系统，对自己的潜能与时间尽可能地发挥、利用，继而达成有价值的目标。所谓"价值系统"，就是无论何时，人们都会向自己认为有价值的方向做出努力。因此，自我管理过程以"理解个人价值观"为关键环节。唯有自己方能掌握、控制"潜能与实践"这种资源，实际上，它们才是我们必须付出和真正能够管理的；"有价值的目标"是我们努力的结果，这些目标必须植根于一个合理的价值系统中；"过程"即指自我管理是持续不断的，贯穿于一切有目标的活动始终，它不是一次性的或偶尔才进行的。

（四）自我管理定义的总结

综上分析，自我管理是人们处理自我的主我与客我、与组织及社会的关系，求得个人生存与发展的必然方式。伴随知识经济和经济全球化时代的到来，人们愈发注重人的价值观与权利，更加注重张扬个性，而社会、组织与个人也有着日益突出的矛盾，自我管理的问题也就日益凸显。自我管理已成为心理学、哲学、管理学、社会学、教育学等多个领域的研究重点。自我管理理论也在上述各种理论的支持下得到了极大的发展。笔者综合前述各方面的研究，对自我管理作出如下定义。

自我管理，是个人以自己合理的价值观为基础，能动地提出目标，组织整合自身资源（时间、知识、技能、信息、情绪、情感等），调节控制自己的心理活动和行为，去践行并完成目标，实现自我价值与自我发展的自觉的、持续性的活动。其内涵包括自我控制、调节、组织、设计、认知等。

对于自我管理而言，自我认知属于前提条件，自我管理需要有效的自我认知以及恰当的运用。因为只有通过自我认知，才能清楚自己的价值观，明确自己的长处与不足、优势和劣势，正确地进行自我管理的定位，才能知道在什么样的条件下能最好地发挥自己，然后为获得最大成效去发现和创造条件，才能将有限的时间和精力投入到自己最该做且最能够发挥自己长处的工作中去，以减少不必要的时间和精力的浪费。

自我设计，就本质而言即自我计划。自我设计为自我管理提供了明确的方向和目标，建立合适的目标（长期目标和短期目标）是有效自我管理最重要的内容，也是自我管理的第一步。"伟大和平庸之间的最大区别在于被自己最迫切的目标推动的程度。"自我设计的终极目的，是为超越现状而进行自我能力的提升。计划目标唯有经过精心准备、经过较长时间的缜密思考，方能让人们对自我管理中各个不同阶段的结果有明确的预期，把现在的努力与实现长远目标的努力结合起来，卓有成效地进行自我管理。

自我组织，是指为了有效地实现既定的长期目标和短期目标，尽最大可能地集中、调配自身所拥有的各种资源，如时间、智慧、知识、技能、信息、情绪、情感、物资等，使自己有限的宝贵资源能得到合理的使用。

所谓协调就是让事情和行动有合适的比例。自我协调是指在实现既定目标的过程中，保持自我与环境、身心之间的和谐，调节各种资源使用的比例，能与计划的推进较好地匹配。自我协调通过自我观察、自我判断和自我反应三个基本子过程实现。

自我控制，是指个体对自身言行和心理状态的控制活动，侧重于节制。即在既定目标实施活动中开展的自我检查、分析与调整，试图对目标实施的质量、进度、方向以及存在的问题进行及时而准确的把握，对偏差予以纠正，对缺陷进行清除，尽最大努力达成目标。换言之，想要实现目标，就要展开自我控制，从既定目标出发，让客我受到主我制约，对消极行为进行抑制，对积极行为予以促进。所以，对于自我管理而言，自我控制属于保障环节，基于自我控制，自我管理能够始终运行于自我设计的轨道。因此，从本质来看，在自我管理过程中，自我控制属于关键与实质，能最大限度实现自我调控的人必是成功的自我管理者。

笔者认为，自我管理更多地属于管理问题。自我管理是建立在现代管理理论最新成果基础上的。它以现代管理学的理论为支撑，代表着现代管理中人本管理发展的必然趋势。人本管理的基础是对人在社会经济活动中作用的深刻认识，对人在管理中的地位进行突出，从而实现"以人为中心"的管理。人本管理认为，管理活动以"人"为核心要素，组织以"人"为最重要的资本，认为管理应当以"组织成员"为主体，对组织的人力资本进行充分开发与利用，为组织内、组织外的利益相关者提供服务，继而同时达成成员目标与组织目标。

人本管理内涵如下：在管理过程中，对人予以关心、尊重与依靠，对人的潜能加以开发，对人的素质进行塑造，将人的合力凝聚起来。

员工个人价值观和组织价值观和谐与冲突的运动，是现代员工与组织矛盾的集中表现，对人本管理加以施行，能够将自我控制、调节、学习、设计的空间提供给组织成员，让员工能够对组织价值观与个人价值观之间的冲突进行主动协调，最终达成组织与自我和谐发展。因而，人本管理把追求人的更加全面的发展与个性的更加完善作为管理的根本目标。现代社会中，每一个人实际上都是管理者。这种自我管理，不仅有能够在具体情境中运用的实践方法，也有关于贯穿整个人生的职业生涯管理内涵，因此它具有人本管理的意义。自我管理打破了传统管理理念中管理者与被管理者的对立，变被动为主动，化消极为积极，构建了一个自我加压、自运行的自觉系统，通过自我管理，员工能最大限度地发挥自身潜能，实现全面发展，使人本管理得以实施。如果人本管理中缺少自我管理的环节，就意味着放弃让员工主动参与、配合管理的机会，人本管理就无法实施。可见，实现真正意义上的人本管理就必须实行自我管理。因此，自我管理是人本管理的本质特征，是实现人本管理的有效形式。

二、自我管理的特征

自我管理与其他管理活动相比，主要具有如下几个方面的重要特征。

（一）管理目的的差异性

任何管理活动都是有意识、有目的的。目的即行为主体从自身需要出发，预先设想的结果和目标。管理就是以这些目标为基础，管理的过程就是利用控制、协调、组织、计划等职能对目标进行实现的过程。只有在明确的目标导向下，管理行为才具有可执行性，管理过程才能有依据，管理结果才会有价值。彼得·德鲁克（Peter F. Drucker）1954 年在其名著《管理实践》中最先提出了"目标管理"的概念，他认为，并不是有了工作才有目标，而是有了目标才能确定每个人的工作。人的使命和任务都必须转化为目标。目标管理以自我管理为中心，目标的实施由目标责任者自己进行，通过自我调控，不断修正自己的行为去实现目标[①]。

总体来看，自我管理以最大化地高效利用自我潜能和自身的全部资源，达到和实现个人的全面发展及人生的意义与价值这一最终目标和与之匹配的阶段性目标。但每个人都是有别于他人的独特个体，具有不同的生存环境和条件，不同的性格特征和潜能，不同的价值观、人生观，不同的心理品质，不同的综合素质，不同的学识和技能等。作为不同的自我管理主体，他们各自所追求的自我管理的长远目标和短期目标必然是各种各样、千差万别、具有显著差异性的。目标对自我管理有着巨大的导向作用，自我成就、自我实现、自我发展很大程度上取决于具体目标是否合适、明确。目标设置是一种重要的激励方法，"在企业生产中，目标设置是提高生产率的唯一的高效率的工具"。

目标设置也是使自我管理能够卓有成效的唯一的高效率的工具。不同的自我管理主体设置的具体目标不同，自我管理活动的努力方向就会不同。自我管理中，一切行动都是从方向开始的，所做的每一件事，都是完成特定目标的一个环节。把自己的行动与既定具体目标不断加以对照，方能维持、强化行动的动机，个人才能自觉克服一切困难，从而拼尽全力实现目标。自我管理目的的差异性，导致自我管理努力的方向、程度、结果、效率等的差异性。对于不同的自我管理者而言，选择了不同的具体的目标就可能会有不同的成就、不同的发展和不同的人生。

（二）管理角色的统一性

自我管理中的"自我"有两种含义：一种是作为实施管理行为并在一定程

---

① 德鲁克. 彼得·德鲁克全集 知识社会［M］. 赵巍，译. 北京：机械工业出版社，2021.

度上涉及潜意识活动的自我（ego）；另一种是作为管理对象或客体（object）具有反身意识性质的自我（self）。前者是自我管理中作为管理主体的"我"即"主我"；后者是自我管理中作为管理客体的"我"即在管理活动中把自己对象化后的"客我"。自我管理就是主我能动性地对客我进行的体察和反思、调整和改造。从管理的主体看，自己是自我管理的主体，是开发自我宝藏的"厂长或经理"。从管理的客体和对象看，同时自己又成为管理和认识的对象。自我管理彻底改变了社会管理、企业管理中管理者与被管理者的对立——自己既是管理者又是管理对象，管理主体与管理客体的统一性是集中体现自我管理本质的最基本特征。

（三）管理工具的自有性

管理工具是管理的核心要素。好的管理工具对管理获得较高的效率能起到显著的推动作用。不同于其他管理以各种规章制度、各种管理标准体系、绩效考核等为主要管理工具，自我管理是以自我的心理品质、综合素质、时间、潜能等自身宝贵资源作为管理工具进行的。而这些管理工具都是唯有自己真正拥有，也是唯有自己能真正掌握和控制的。管理工具的自有性是自我管理区别于其他管理的显著特征。

（四）管理活动的自觉性

自我管理，是个体自主、独立、自觉地从事和管理自己的实践行为与活动。由于自我管理是自己作为自己的管理者，将管理主体与客体都统一于"自我"，消除了管理者与被管理者的角色对立，因而，自我管理形成一个自我加压、自运行的自觉系统，它是依靠一种自律精神，在自我意识层面上、自我认知作用下主动进行自我认识、自我调节、自我反省、自我反馈和自我控制，自觉完成各项具体管理任务的活动。因此，自我管理是不受外界各种压力和要求的直接影响，不由制度、他人意志等外力决定的自觉行动。

（五）管理过程的持续性

自我管理不是一次性的、间歇性的或偶尔进行的，而是围绕人生的最终目标，贯穿于人一生所有活动的持续性过程。因为，人们不断地进行着认识与改造客观世界和主观世界的实践活动，而自我管理作为人的社会实践的基本方式，存在于人的社会实践活动的始终。只要人的社会实践活动不停止，自我管理也就不会停止。一个自我管理过程的完结，是另一个自我管理过程的开始，不断循环，周而复始，持续性地向自我管理的最终目标推进。

第二节　自我管理能力及其构成

一、自我管理能力的定义

所谓能力，是顺利完成某一活动所必需的主观条件，是直接制约人们完成某种活动的质量和数量水平的个性心理特征。

自我管理能力是自我管理者完成自我管理具体活动必不可少的主观条件，它是一种个性心理特征，能够对自我管理活动效率、完成状态产生直接影响。

具体而言，自我管理能力指的是依靠主观能动性，自我管理者依照自我管理既定的目标，有意识、有目的地对自身的心理、生理、行为等各方面进行转化与控制的能力。自我管理能力高低决定着自我管理的水平与成效。人的自我管理能力达到何种程度，他就在何种程度上创造着社会生产力。

自我管理能力包括人在自我管理活动中对自身的心理、生理、行为上的自我认识、自我感受、自我调理、自主学习、自我监督、自我控制和自我完善等各个方面的能力。自我管理能力有如下几种主要的分类。

（一）按管理内涵分类的自我管理能力

自我管理以自我认知、自我设计、自我组织、自我调节、自我控制等为内涵。自我管理能力按内涵可分为以下几种。

1. 自我认知能力

自我认知能力，是对自己的心理和行为的评估、判断、理解、洞察能力，包括自我评价与观察。所谓自我评价，指的是评估、判断自己的人格特征、行为、期望和想法；所谓自我观察，指的是觉察自己的意象、思维和感知等方面的情况。自我认知就是人们常说的自我意识，是"生活计划"得以建立的基础、是人们精神生命的核心、是人的首要品质。只有通过自我认知，才能正确地进行人生定位，将有限的时间和精力投入到最容易发挥自己能力的活动中去。

2. 自我设计能力

自我设计能力，是对自我管理的长远目标、阶段性目标及自我管理活动的各个方面、各个环节进行全面规划与周密安排运筹的能力。

3. 自我组织能力

自我组织能力，是指为实现自我管理的各种目标，对自身及周边的各类资源进行整合、调配、协调并充分加以利用的能力。

4. 自我调节能力

自我调节能力，是指进行自我激励，给自己制定行为标准，用自己能够控制的奖赏或惩罚来加强、维护或改变自己行为，以完成自我管理具体活动的能力。具体包含自我观察、自我判断和自我反应等方面的能力。

5. 自我控制能力

自我控制能力，是指为确保自我管理行动与自我管理计划的一致性，对自身的行为和观念进行检查、调节、约束、修正等的能力。

（二）按管理对象分类的自我管理能力

自我管理以自身的心理活动和行为作为管理对象，自我管理能力按管理对象可分为自我心理管理能力、自我行为管理能力。

1. 自我心理管理能力

自我心理管理能力，即人管理自己心理现象（包括人格和心理过程）的能力。

人对客观现实产生的主观反应就是"心理"。心理现象涵盖人格和心理过程。心理过程即指认识过程、情感过程、意志过程。认识过程是人在认识客观事物的过程中，为弄清客观事物的性质和规律而产生的最基本的心理现象，包括感觉、知觉、记忆、思维和想象等；情感过程是人在认识客观事物的过程中所引起的对客观事物的某种态度的体验或感受，在此基础上产生喜、怒、哀、乐等态度体验；意志过程是借助认识的支持与情感的推动，使人有意识地克服内心障碍与外部困难并坚持为实现目标不断努力的过程。人格亦即个性，是通过心理过程持续表现出来的区别于他人的、相对稳定的、影响人的思维方式和行为模式的心理特征的总和，主要包括需要、动机、能力、气质、性格等。

在自我管理中，心理和自我管理的具体活动存在辩证统一的关系。心理在活动过程中形成和发展，并受活动的制约；心理对外部世界的反映是否正确，需要通过自我管理实践活动的检验。同时，心理作为自我管理活动的重要组成要素调节着活动的进行，对活动起着关键性的制约作用。自我心理管理能力决定着自我管理者能否对客观外部世界作出正确的主观反应，从而对自我管理产生直接的重大影响。

2. 自我行为管理能力

行为即举止行动，是指人们受思想支配而进行的一切有目的的活动，它由日常生活中表现出来的一切动作构成。

自我行为管理能力，是指管理各种影响、支配活动的外在因素和内在因素，坚持既定的自我管理目标，在一定动机下管理自我行为的能力。有很多因素都对自我管理行为产生影响，归纳而言，大致包括如下两方面，一是内在因素，二是外在因素。所谓外在因素，主要指影响自我管理行为的客观存在的自然环境、社会环境；所谓内在因素，主要指影响自我管理行为的人的各种生理因素和心理因素，如价值观、理想、动机、需要、愿望、兴趣、情感、认识等。其中，人的动机与需要，直接支配着人的行为。

个体不同的动机、欲望，驱使着自我管理者做出不同行为，并且这些行为指向一定目标，这便是"动机性行为"。我们可以将动机性行为划分为目标行为和目标导向行为。所谓目标导向行为，指的是为实现某种目标而采取的行为；所谓目标行为，指的是实现目标本身的行为。具体而言，目标导向行为是对目标进行选择、寻找与实现的过程，不会持续过长时间，在开始目标行为后，目标导向行为就会相应降低；在完成目标行为后，由于满足了需要，就会滋生新的需要，而后这种新需要愈发强烈，行为又产生变化。这一过程是"动机—行为，行为—目标"循环交替的过程，也是目标导向行为与目标行为彼此更迭的过程。如果我们想让动机、需要强度在较高的水平上长久保持，最有效的方法就是循环交替地运用目标导向行为和目标行为。目标导向行为和目标行为循环交替的过程是螺旋上升的过程，实现一个目标后，马上提出新的更高的目标，使之进入新的目标导向过程，从而使自我管理的积极性经常保持在较高的水平上。自我行为管理能力，指的就是能根据自我管理目标和客观环境与条件，适时地有效调节、改变自我管理行为，顺利完成目标导向行为和目标行为螺旋上升的循环交替过程，不断实现自我管理目标的能力。

（三）按适用的管理领域分类的自我管理能力

按自我管理能力适用的管理领域，分为通用的自我管理能力、特殊的自我管理能力。

1. 通用的自我管理能力

有学者根据世界管理大师彼得·德鲁克的自我管理理论，归纳人们应当具备的通用自我管理能力（可被应用于自我管理所有领域），共计如下九项：

一是学习创新能力——不断学习创新，持续发展进步；

二是角色定位能力——认清自我价值，清晰职业定位；

三是健康管理能力——促进健康和谐，保持旺盛精力；

四是目标管理能力——把握处世原则，明确奋斗目标；

五是人脉经营能力——经营人脉资源，达到贵人多助；

六是时间管理能力——学会管理时间，做到关键掌控；

七是生涯管理能力——清晰职业路径，强化生涯管理；

八是情商管理能力——提升情绪智商，和谐人际关系；

九是高效沟通能力——掌握沟通技巧，实现左右逢源。

2. 特殊的自我管理能力

人们又用"专门自我管理能力"称呼特殊的自我管理能力，如果人们想要顺利完成某种专门自我管理领域的活动，就必须具备这种能力，如运动能力、数学能力、绘画能力、音乐能力等。任何特殊的自我管理能力的结构都是独特的。

（四）按管理要素分类的自我管理能力

自我管理包括若干具体要素，将自我管理能力按要素划分，可主要分为如下几类：自我意识能力；自我控制能力；自我调适能力；自我激励能力；自我学习能力；自我创新能力；价值观管理能力；时间管理能力；目标管理能力；职业生涯规划能力；优势与效能管理能力；人际交往能力；健康管理能力；等等。

（五）按管理范畴分类的自我管理能力

自我管理是综合性的管理，涉及多个方面，将自我管理能力按管理的不同方面划分，主要有如下几类：知识技能管理能力；精神理念管理能力；社会关系管理能力；日常生活管理能力；等等。

二、大学生自我管理能力及其构成

大学生的自我管理，是大学生以个人合理的价值观为基础，能动地提出目标，组织整合自身资源（时间、知识、技能、信息、情绪、情感等），调节控制自己的心理活动和行为，去践行并完成目标，实现自我价值与自我发展的自觉的、持续性的活动。其内涵仍然包括自我认知、自我设计、自我组织、自我调节、自我控制等。

大学生的自我管理能力是他们进行自我管理具体活动所必需的主观条件，也是直接影响他们自我管理活动效率及活动完成状态的个性心理特征。年龄20岁左右的当代大学生，正处于学习并储存各种知识与信息、形成自己的价值观和人生观、进行人生目标规划、选择未来职业的关键阶段。他们的自我管理能力主要包括如下几类。

（一）自我认知能力

大学生的自我认知能力，是大学生对自己身心状态及对自己同客观世界关系的认识与评价能力。包括认识与评价自我的能力，认识与评价自己与他人、与组织、与社会的关系的能力。

1. 认识与评价自我的能力

要有明确自己的价值观和价值体系的能力。价值观指的是个体对周围人、事、物等客观事物的重要性、意义的总看法、总评价。在人们行为活动中，价值观是核心，所有的态度、取向和行为都源于此。价值观是个人性格中最稳定和最持久的因素，它是人们做出关键性决定的依据，是决定人们生活方向和个人爱好的基础。一方面，价值观表现为价值追求、价值取向，能够凝结为一定的价值目标；另一方面，价值观表现为价值准则和价值尺度，人们用价值观作为评价标准，对事物是否具有价值及具有多大价值进行判断。价值观对人生轨迹有着强烈和鲜明的导向作用。

价值观体系构成于人们心目中对各种客观事物的评价、看法的轻重主次的排序。人的行为取决于价值观体系和价值观这一心理基础。可以说，价值观从根本上左右人的自我认识，反映出人对自身价值及如何实现自身价值的基本看法，直接关乎人的理想、信念、生活目标和追求方向的性质。

对于动机而言，价值观发挥着重要导向作用，能够对人的行为动机进行制约与支配。不同的价值观产生的行为也有所差异。价值观对人们的需求状况、认知状况进行反映，同时也是人们对行为结果既客观世界的看法与评价。所以，从某种方面来看，价值观也对人的主观认知世界进行反映，对人们的世界观和人生观有所反映。大学生们必须具备客观、主动地对自身价值观进行识别、选择、实践、调节等方面的能力，以及为自己确立正确的价值目标的相应能力。

要有明确自己的长处和不足的能力。人如果看不到自身的优点，觉得处处不如人，就会自卑、丧失信心、做事畏缩不前；反之，如果过高地估计自己，则会骄傲自大、盲目乐观，导致失误。只有明确自己的长处和不足，才能在自我管理中主动地扬长避短，不断地自我调节、自我修养、自我完善。大学生们也必须具备主动地对自身的长处、不足进行识别，并善于挖掘自身的长处。

2. 认识与评价自我同客观世界关系的能力

自我认知离不开周围环境，特别是人与人之间关系的制约和影响。自我认知在社会实践活动中形成，反映着自我与周围现实之间的关系。个体只有具备认识与评价自己同客观世界关系的能力，通过社会比较，借助别人的评价去客观地认识自己与他人的关系、认识自己在集体和社会中的地位及作用，才能实现正确的自我认知。

大学生只有具备较强的自我认知能力，真正明确自己的价值观和价值体系，明确自己的长处和不足，明确自己同客观世界的关系，才能合乎实际地正确评估、判断自己的人格特征、行为、期望和想法，才能正确认识自己，实事求是地评价自己，真正明白自己是谁、自己应该要什么、自己应该做什么、自己适合做什么。只有解决好这些重要的前提问题，才会有明确且合适的人生目标与自我管理定位，才能有效地进行自我管理。

（二）自我规划能力

自我规划能力亦即自我设计能力，是对自我管理的长远目标、阶段性目标及自我管理活动的各个方面、各个环节进行全面规划与周密安排运筹的能力。

自我规划能力是选择、明确自己的人生归属和人生目标，对自我目标体系、实际行为导向和效果进行管理的能力。主要可分为两大部分，分别是自我的职业规划与自我的人生规划。自我规划能力包括从自己的实际情况出发，选择和确定自我发展定位，自我实现的目标体系（包括最终目标、阶段性目标、长期目标、短期目标等）、目标内容（包括目标的终极和阶段性的标识）、目标的层次等方面的能力。

自我管理离不开目标导向。对于自我管理而言，目标起到"导航器"的作用，若想让自我管理行之有效，必须使之兼具长期目标和短期目标。长期目标的建立可以增加人的内部动机，而短期目标的建立则产生了积极的成功预期。为了实现目标，须给目标排序，确定所希望实现的每个目标的时间框架，务必为每一个目标设定日期。自我规划能力通过确定目标、制定措施、分解目标、落实措施、安排进度等各个方面体现。

成功的道路是目标铺成的，目标设定是一个所期望实现的结果的证实过程。成功者在学校时不见得比不成功者更优秀，但总是在关键时刻做出正确的选择，而关键时刻的选择往往决定了一个人最终的命运。学会选择，就是要知道如何安排自己的一生。史蒂芬·柯维（Stephen R.Covey）在《高效能人士的七个习惯》中提出的"以终为始"（Begin with the end in mind），即须先明确目标，再去努力实现①。成功人士都"以终为始"，他们人生中的一切行动、一切价值标准，都以自己人生的最终愿景与最终期许为起点。大学生们必须具备较强的自我规划能力，在正确自我认知的基础上，进行自我规划，明确地给自我人生定位，树立起最重要的自我总体目标，即人生的最终愿景与最终期许，真正清楚自己想成为怎样的人、自己能干什么、社会可给自己提供什么机会、自己应选择做什么等至关重要的人生目标和职业目标，形成正确的自我主观成就预期与客观成就预期，具备自我积极主动的内在控制中心，使理想可操作化，为人生提供明确方向，以自己正确的、准确的、具体的、现实的、可行的人生目标为前提，培养"以终为始"的高效行为习惯，做好自我管理，实现人生价值。

（三）自我激励能力

美国管理学家贝雷尔森（Berelson）和斯坦尼尔（Steiner）给激励所下的定义是："一切内心要争取的条件、希望、愿望、动力都构成了对人的激励。——它是人类活动的一种内心状态。"②人的一切行动都是由某种动机引起的，动机是一种精神状态，它对人的行动起激发、推动、加强的作用。激励是"需要—行为—满意"的一个连锁过程，即针对人的需要来采取相应的管理措施，以激发动机、鼓励行为、形成动力的过程。自我激励是自我支配的积极强化手段，它对于增强自觉性、主动性和行为的连续性具有不可忽视的作用。自我激励包括两个方面：一是给自我行为以肯定的自我评价，包括自我希望、自我鼓舞、自我欣慰和自我欢乐；二是给自我行为以否定的自我评价，包括自我谴责、自我批评、自我惩罚等。

大学生的自我激励能力，是指他们不用外界奖励和惩罚作为激励手段，而是自觉地激发自我的行为动机，能动地运用各种有效的方法去调动自我的积极性和创造性，努力去完成既定的自我管理目标的能力。自我管理的效率不仅取

---

① 柯维. 高效能人士的七个习惯［M］. 王亦兵，译. 北京：中国青年出版社，2008.
② 冯国珍. 管理学［M］. 上海：复旦大学出版社，2018.

决于能力,更取决于受自我激励及那些能带来积极态度、满意和激励作用的"激励因素"(能满足个人自我实现需要的因素)具备的程度。因此,大学生的自我激励能力主要包括保持积极心态的能力、坚定自信的能力、控制情绪的能力、调整计划的能力、直面困难的能力、换位思考的能力、勇于竞争的能力、超越并战胜自我的能力、向榜样学习的能力、自我暗示的能力、适当而正确的自省能力、调节放松自己的能力等。

强烈的自我激励是成功的先决条件。人的一切行为都是受激励产生的,有效的自我激励会点燃人为目标奋斗的激情,促使其工作动机更加强烈,让他们产生超越自我和他人的欲望,并将潜在的巨大的内驱力释放出来,为自我管理的目标奉献更大的热情。大学生们须具备较强的自我激励能力,通过不断的自我激励,促使自己保持强有力的自我管理内在动力,朝所期望的目标前进,最终达到自我管理的顶峰——成功。自我激励是当代大学生们迈向成功的引擎。

(四)自我时间管理能力

大学生的时间管理能力,是他们运用科学方法和技巧提高自我时间的利用率和有效性的能力。

有效的管理者往往不是从任务开始,而是从时间开始。他们并不是先制订计划,而是先查明时间的实际去处,然后他们努力管理他们的时间,削减那些无效的时间需求,最后他们尽可能将零散的时间整合成大块、连续的时间单位。这就启示我们,时间管理能力应包括设定时间管理目标的能力、分析诊断时间的能力(能明确时间的去处、能分清哪些方面浪费了时间等)、采取措施消除时间浪费的能力、制订计划合理分配时间的能力(时间计划安排的能力、合理分配各类活动时间的能力等)、实施时间计划的能力、酌情整合时间的能力、控制评估时间的能力等。大学生的时间管理能力,是指大学生们对自我时间设定管理目标,并实施计划、组织、控制、整合等一系列活动的能力。

时间是最宝贵、最有限的特殊资源,它是世界上万事万物存在的方式,也是一切活动得以进行的前提,自我管理也不例外。时间是无价之宝,从经济学的角度看,它是一种财富,人们每分每秒都在创造财富。时间是最紧缺的资源,若不将时间管理好，就想管理好其他事情，那只是空谈。作为特殊资源的时间具有如下独特性：一是供给毫无弹性。时间的供给量是固定不变的，在任何情况下都不会增加，也不会减少，每天都是 24 小时，无法开源。二是无法蓄积。时间不像人力、财力、物力和技术等其他资源可以积蓄，不论愿意与否，我们都必须消费时间，无法节流。三是无法取代。任何一项活动都有赖于时间这一不可缺少的基本资源，任何一件事情都离不开时间。四是不可逆转，无法失而复得。一旦丧失则永远无法挽回。时间是极其有限的宝贵财富，没有时间，纵有再强的能力、再好的计划、再高的目标，也是枉然。富兰克林说："生命是由时间构成的。"但能由人们自主控制、自由支配的时间却非常有限，有人曾统计过一个活到 72 岁的美国老人对于时间的消费：睡觉 21 年，工作 14 年，个人卫生 7 年，吃饭 6 年，旅行 6 年，排队 5 年，学习 4 年，开会 3 年，打电话 2 年，找东西 1 年，其他 3 年①。可以看出，如果我们要在工作时间内取得成功，我们拥有的时间实在不多，还不到人生的五分之一。没有有效的时间管理，就算你再有才华，也会在无谓的忙碌中虚耗自己的人生。大学的时光对大学生尤为珍贵，只有最大限度地开发和利用时间资源，才能保证大学生自我管理的效率和效能。

时间管理的研究已有相当长的历史，其理论也可分为四代：第一代理论着重利用便条与备忘录，在忙碌中调配时间与精力。第二代理论强调日程表，反映出时间管理已注意到规划未来的重要。第三代理论强调优先顺序的观念，提倡依据轻重缓急设定短、中、长期目标，再逐日制订实现目标的计划，将有限的时间、精力加以分配，争取最高的效率。这种做法有可取之处，但过分强调效率，把时间安排得过紧，会产生反效果，使人失去增进感情、满足个人需要以及享受意外之喜的机会。第四代理论与以往截然不同，它根本否定时间管理的对象是"时间"，认为时间管理是个人管理，是针对时间所进行的自我管理。时间管理的目的，就是要"以终为始""做正确的事"，并且努力去"正确地做事"。任何一个目标的设定都应考虑时间的限定。大学生们须最大限度地减少

---

① 叶宁. 大学生自我管理能力影响机制评价 [M]. 北京：知识产权出版社，2015.

时间的浪费、最科学地分配并最充分地利用自己可以控制和利用的时间，最合理地压缩时间流程，使时间价值最大化。不同的人在相同的时间面前表现不同、结果不同，其重要原因可能不是别的，而恰恰是由于他们在时间管理（Time Management）水平上的差异造成的。因此，时间管理能力是决定大学生自我管理成效乃至人生成败的至关重要的基本能力。

（五）自我职业选择能力

自我职业选择能力直接影响着大学生的职业规划。职业规划，是对自我职业生涯进行持续的、系统的计划过程，它包括职业定位、职业目标设计、职业通道选择等项内容。职业规划能力，是个人结合自身情况及当前机遇和相关制约因素，为自己确立职业目标，进行职业定位，选择职业道路，确定教育、培训和发展计划等，并为自己实现职业生涯目标而确定行动方向、行动时间和行动方案等方面的能力。

自我管理最终的追求是人生的成功。而所谓的成功与失败，取决于所设定目标的实现与否，目标是决定成败的关键。个体的人生目标是多样的，包括生活质量目标、职业发展目标、对外界影响力目标、人际环境目标等。整个目标体系中的各因子之间相互交织影响，而职业发展目标在整个复杂的人生目标体系中居于中心位置，它的实现与否直接引起人们的成就与挫败、愉快与痛苦等不同的人生感受，影响着人的生命质量与整个生命历程的发展。而职业生涯的发展是持续性的过程，各阶段之间没有明显的区分，各个阶段经历的时间长短和发展重点也常因人的差异而有所不同。

大学时期是职业生涯的准备和选择时期。职业生涯设计是一种人生设计，是对命运的选择。现代职业生涯设计不仅能帮助个人实现目标，更重要的是有助于个人真正了解自己，从而设计出合理可行的职业生涯发展方向。必须对个人的发展结构和驱动因素进行策划，必须对于自我的职业发展承担责任。每一个成功都是智慧经营自我的结果。在职业选择中，厘清"到底什么对我们最重要"非常关键。在这个时期，大学生们需要逐步做到有自知之明，能明确认清自己的价值观、气质、个性、技能、兴趣、潜力等适合干什么，能明确认清自己需要怎样的环境、条件才能干得最好。因此，大学生们的职业规划能力更重要的体现为职业选择能力，具体包括自我剖析能力、提升自我职业价值观成熟程度的能力、找准自我职业锚与职业兴趣的能力、明确自我职业定位的能力、提高自我职业定位与外在需求吻合度的能力等。大学生们应通过从社会发展的实际需要、个人的外部环境和自身实际情况两大方面进行认真的自我剖析，根据个体的人生总体规划，明确自己的职业定位，找准自己的"职业锚"，锁定符合社会经济发展需要的自我"职业锚"。大学生们必须清楚自己的职业归属，正确地制定选择适合自身因素与潜能且符合社会需求的可行的职业目标及发展路线，并从各个方面脚踏实地地为之努力。

（六）自我决策能力

大学生的自我决策能力，是为实现特定目标，根据客观的可能性，在积累一定信息和经验的基础上，借助合适的工具、技巧和方法，对影响目标实现的诸因素进行分析、预测、计算和判断选优后，对未来行动做出决定的能力。对于"决策"的定义主要有三种：一是将之作为提出问题、确立目标、设计和选择方案的过程；二是看作从几种备选的行动方案中做出最终抉择即拍板定案；三是认为它是对不确定条件下发生的偶发事件所做的处理决定。总而言之，确定干或不干为"决"，明确用什么方法和工具干叫"策"，做出用什么工具和方法去达成什么目标的决定，即为"决策"。决策也可理解为管理者识别并解决问题或利用机会的过程。因此，决策能力体现在包括发现问题确定目标、制定备选方案、拟定评价标准进行优选、决定实施方案等完整决策过程的各个方面。具体包括以下几个方面。

发现问题确定目标的能力。决策是解决具体问题达到既定目标的活动。决策目标是指在一定外部环境和内部环境条件下，对相关因素做必需的调查研究后所预测的解决问题方案要达到的结果。决策目标是根据所要解决的问题来确定的，因此，必须具备尽快把握所要解决问题的要害、明确具体决策目标的能力，这是避免盲目决策与决策失误的核心能力。

预测能力。决策与预测是密不可分的，预测为决策提供必需的资料、信息和数据。预测是决策的基础，决策是预测的延续。正确的决策必须依据准确的预测，若无准确的预测必然导致决策失误。由此可见，决策能力的强弱取决于预测能力的水平。具备较强的预测能力，是正确决策至关重要的基础。

提炼能力。提炼能力是指准确迅速地提炼出解决问题的各种备选方案的能力。拟定备选方案，先是要分析和研究目标实现的外部因素和内部条件、积极因素和消极因素、决策事物未来的运动趋势和发展状况；而后将外部环境与自身的各种不利因素和有利因素同决策事物未来趋势和发展状况的各种估计排列组合成多种方案；提炼、把握各种方案的本质和核心，选择出若干个实现目标的利多弊少的可行备选方案。做决策时，不要要求永远都是对的、不要匆忙做出决定、不要害怕别人议论、不要害怕承担责任。正确地拟定出好的备选方案，需要较强的提炼能力。

决断能力。决断能力是对若干个备选方案进行认真慎重的评价与总体权衡后，从中选定最佳方案，以及在危急时刻或紧要关头当机立断的能力。抉择时必须严格把握的评价标准是看哪个方案最有利于达成决策目标，且成本代价与可能的风险最小。具体评价从以下几方面进行：一是所取方案是否与决策目标相符；二是所取方案是否具备实施的条件即是否有可行性；三是所取方案所需的实施成本代价；四是所取方案实施的可能风险；等等。评价常用经验判断法、数学分析法和试验法等进行。能否迅速做出决策取决于你决心对结果负什么责任。要提高决策能力，就应该有积极进取的精神。决断能力关乎最终决策的成败，是决策能力中的关键能力。

执行、回馈评估方案的能力。任何方案只有真切地得到实施后才有其实际的意义，执行方案是决策的落脚点。通过对决策的执行、反馈评估，可以发现决策执行过程中的偏差，以便采取措施控制决策偏差，确保决策目标的实现。因此，执行、反馈评估方案的能力也是决策必须具备的重要能力。

决策贯穿于自我管理的始终，自我管理过程也就是不断决策的过程。知识劳动者都是决策者。从这个角度看，决策能力在大学生的自我管理能力中举足轻重。

（七）自我沟通能力

大学生的沟通能力，是指他们所具备的能胜任沟通活动的主观条件，即能与他人有效地进行信息、思维、情感等交流的能力。沟通能力由自己理解别人的能力、让别人理解自己的能力两部分构成。具体包括表达能力、争辩能力、倾听能力、设计能力（形象设计、动作设计、环境设计）、信息处理能力等。

影响大学生沟通能力的因素有两个：一个是思维是否清晰，能否有效地搜集信息，并做出逻辑的分析和判断；另一个是能否贴切地表达出（无论是口头、书面还是其他方式）自己思维的过程和结果。而前者更重要，没有思维的基础，再好的表达技巧，也不可能收到（传达、说服、影响）好的结果。与思维及表达两个沟通要素相对应，沟通也有两个层面，即思维的交流和语言的交流。所以，评价沟通能力强弱的一个重要标准，就是能否适时把握对方的思维，提前做出反应，让双方的交流从语言层面上升到思维层面。因此，判断沟通能力的基本尺度是恰如其分和沟通效益。所谓"恰如其分"，指沟通行为符合沟通情境和彼此相互关系的标准或期望；而"沟通效益"，则指沟通活动在功能上达到了预期的目标，或者满足了沟通者的需要。沟通能力看起来是外在的东西，而实际上则是大学生综合素质的重要体现，它反映一个人的知识、能力和品德。

沟通贯穿于人类社会的各个领域，是人与人之间、人与群体之间进行的信息、思想与感情的传递和反馈，以求获得活动所需的各种信息，改善人际关系，使人们的思想达成一致，使人们的感情交流活动通畅。社会是由人们互相沟通所维持的关系组成的网，没有沟通，就不可能形成组织和人类社会。美国著名人际关系学家卡耐基认为，一个职业成功人士的成功 75% 靠沟通，25% 靠天才和能力。一项对商学院在校学生的综合研究结果显示，准备在毕业后进入各公司管理岗位的学生最缺乏的是领导能力和人际交往技能。自我管理所需的各种信息的采集、传送、整理、交换以及人际关系的处理，无一不是通过沟通实现的。只有通过沟通，大学生的自我管理活动才能得以开展。具备较强的沟通能力是提高大学生自我管理效能必需的重要保障[①]。

（八）自我学习能力

学习，是通过阅读、听讲、研究、实践等获得知识或技能的过程，是一种使个体能力在各个方面得到持续变化、完善（知识、技能、方法、情感、价值等的改善和升华）的行为方式。在校大学生最主要的任务就是学习。

大学生的学习能力，是指他们掌握和运用学习的方法与技巧获取各方面的知识和技能、自我求知、改变已有的知识结构、增长才干与创造力、提升素质并完善自我的能力。学习能力是人们所有能力形成的基础，因此是自我管理能力中最基本、最重要的能力。学习能力主要包括注意力、观察力、记忆力、概括力、思维力、想象力、创造力、理解力、语言表达力、操作力、运算力、听/视知觉力、反思力等。也可将学习能力概括为：自我学习优势的认知能力，即明确自己最习惯最高效学习方式的能力；从他人、实践、网络等各种渠道学习的能力，善于通过各种渠道学习才能取得事半功倍的显著学习成效，取得绩效的关键是必须能在实践中运用所学的知识；储备性与急需性结合的学习能力及终身学习能力。学习分为两种类型：一种是"增加型学习"，使你按一定顺序获得信息，一段时间后这些信息转化为知识；另一种是"削减型学习"，这种学习过程就如雕塑，须将一段时间所积累的知识中已经过时无用的甚至阻碍你前进的部分去除。若按学习的不同类型，可将学习能力分为"纳新学习能力""吐故学习能力"。

学习能力有几个重要特征：一是自主性，是指个体自觉、自愿地学习，而不是被迫学习；二是能动性，是指积极地富有创造性地学习，而非只对知识与信息简单地吸收，同时还要会消化，善于将所学转化成个人发展所需的物质和精神能量；三是创造性，学习的最终目的是推陈出新、吐故纳新、融会贯通，是为了创新和创造。

终身学习是 21 世纪的生存概念。科学技术的时代意味着，知识在不断地

---

① 卡耐基. 处世的艺术 [M]. 北京：北京日报出版社，2017.

变革，革新在不断地进行。教育应该致力使学生习得获取知识的方法，即学会如何学习。

知识组织具有一种直接性的优势，这是因为已有的知识可以被快速地（或系统地）转变为能够赢得市场优势的新知识。在现代社会，任何人都必须通过不断的再学习来更新自己的知识结构以提高自己的社会竞争力。在这个世界上，如果你掌握了某些重要本领，那么你也会因此变得重要起来。在今天这样一个变化剧烈的商务环境中，"学习活动本身就是生产活动"的论断值得人们认真思索。任何掌握了某种知识的人每过四五年就必须进行更新，否则就会落伍。不学习就意味着落伍和被淘汰，必须学会学习，且不断地继续学习，持续地更新自己的知识并拓展自己的视野，才能在 21 世纪中生存与发展。

关于人类的知识、关于自然的知识、关于社会的知识都应当纳入自我学习的范围。复旦大学原校长杨福家教授提出，今天的大学生从大学毕业刚走出校门的那一天起，他四年来所学的知识已经有 50% 老化掉了。当今世界，知识老化的速度和世界变化的速度一样越来越快。大学生们必须明确，人才具有显著的时间性，今天是人才，明天未必仍是。为使自己明天依然是有价值的人才，必须高度重视自我学习能力的提升。较强的自我学习能力，能让大学生们可持续地发展且终身受益，实现从平凡到优秀再到卓越的人生跨越[①]。

（九）自我控制能力

自我控制能力是大学生自我管理能力中的关键能力。自我控制是指以自我为主体，根据情境需要和主体意图来制定某种标准或规范，并以此为评估依据，对行为做出执行或停止、坚持或放弃。它是个体对自身内部过程与外显行为的主动掌握。自我控制还被表述为不同的名词，如行为抑制（Behavioral Inhibition）、抑制控制（Inhibition Control）、反应调节（Response Modulation）、情绪控制（Emotion Control）、限制（Constraint）等等。耐心其实就是一种自控能力，即为了一个较长远的目标控制自己暂时的欲望。

---

① 杨福家. 中国当代教育家文存：杨福家卷［M］. 上海：华东师范大学出版社，2006.

自我控制是人类所特有的一种特殊的活动，旨在以自我意识去达到控制自身心理和行为的目的。具体表现为两方面：一是发动作用；二是制止作用，即促进某一行为，抑制与该行为无关或阻碍其进行的行为。通过自我控制，使自己的行为符合群体规范、符合社会道德和既定目标的要求。自我控制能力是自我意识的重要成分，是个人主动掌握自身的心理和行为，自觉地依据预定的目标，在没有外界监督的情况下，适当地控制、调节自己的行为，抑制冲动，抵制诱惑，延迟满足，主动地控制自己的言行，使之与预定目标相吻合，坚持不懈地保证目标实现的一种综合能力。它是个体适应社会的一项重要功能，是自我意识结构中自我调节的最基本手段，也是我们抑制神经兴奋，控制、克服气质特征中某种消极因素实现目标的重要途径，表现在认知、情感、行为等方面。自我控制或约束包括检验、控制、纠偏等环节。检验是以自身确定的目标和标准，检验自己的行为；控制是将自身行为控制在有利于目标实现的范围内；纠偏是纠正偏离目标的行为，通过这些环节来约束自己，以保证目标的实现。从这个角度分析，自我控制能力就是自我反省与监控能力。

自我控制能力是人的一种自觉的能动力量，是在改造客观世界中控制主体自身的一种特殊的能动性。它不是消极的自我约束，而是一种内在的心理功能，使人自觉地进行自我调控，积极地支配自身，排除干扰，使主观恰当地协调于客观，从而采取合理的行为方式去追求良好行为效果。这是一种对自我行为判断后进行的理性行为，这种理性的判断和执行就构成自我控制力。自我控制力水平的高低与人的个性品质、综合素质及能力密切关联。良好的自我控制能力是当代大学生进行自我管理、成为创新型人才至关重要的必备能力。

第三节 大学生自我管理的意义

一、大学生自我管理是社会发展的必然要求

人类社会的发展源于经济结构的重大变革。17 世纪到 18 世纪的产业革命使经济结构由农业经济走向工业经济，是为"工业化社会"；20 世纪 70 年代以

来高科技的发展催生了"后工业经济",人们称之为"信息经济",即为"信息化社会";新的信息革命——数字化、网络化、信息化,为人类信息共享、提高知识生产率提供了坚实的技术条件。计算机通过跨越全球的远程通信网络与强大的信息系统联系在一起。其结果是产生一种新的社会秩序——"知识社会",这种社会把力量集中于系统地在前所未有的水平上收集、综合和传播知识。这就最终推动人类社会进入知识经济时代。

1996 年,知识经济被定义为建立在知识的生产、分配和使用(消费)之上的经济。其中所述的知识,包括人类迄今为止所创造的一切知识,最重要的部分是科学技术、管理及行为科学知识。从某种角度来讲,这是人类面向 21 世纪的发展宣言——人类的发展将更加倚重自己的知识和智能,知识经济将取代工业经济成为时代的主流,将开创人类财富创造形式上的崭新时代。现代社会是"知识经济社会"。知识经济社会既是人类知识,特别是科学技术方面的知识积累到一定程度及知识在经济发展中的作用发挥到一定阶段的历史产物,又是新的信息革命导致知识共享以高效率产生新知识时代的必然产物。

在知识经济社会,社会生产力运动中起决定作用的力量是知识,知识生产力已经成为社会生产力发展的关键性因素。其经济增长比以往任何时候都更加依赖于知识的生产、扩散和应用。以知识的生产、分配、使用为特点的可持续发展,已成为知识经济社会的典型特征。从质的规定性看,社会生产力将从物质生产力提升到知识生产力;从量的规定性看,社会生产力的生产资料将从有限的物质生产资料提升到无限的知识资源;从生产力的结构看,劳动资料、劳动对象与劳动者将从三者分离提升到相互融合甚至融为一体。可以非常肯定的是,未来社会将是一个知识社会,拥有与之相对应的知识工作者,这些知识工作者是劳动力的主要组成部分。在经济社会中我们所面临的挑战是管理方面的挑战,它必须依靠个人来解决。知识经济社会在劳动力结构、生产要素、企业组织形式、管理模式等诸多方面都发生了巨大变化。社会的发展与变革,迫切需要作为未来知识劳动者的当代大学生们必须具备全面且较强的自我管理能力。

（一）大学生自我管理是劳动力及其结构变化的必然要求

知识经济社会中，劳动力的结构已经出现了空前的变化——由从事不需要技能的体力劳动者为主转变为知识劳动者为主，不少国家中知识劳动者已达到或超过劳动者总数的 40%。

知识工作者是那些掌握和运用符号及概念、利用知识或信息工作的人。加拿大学者弗朗西斯认为，知识型员工就是创造财富时用脑多于用手的人。知识劳动者具有如下主要特点：一是拥有重要的生产资料；二是平均工作年限较长；三是有较强的成就动机；四是劳动过程难以监控。这些特点都使知识劳动者的自我管理成为他们适应并立足社会的必需。

知识劳动者拥有重要的生产资料——存于自身的知识。原本就是资源管理者的知识劳动者应具有自我认知、自我规划、自我决策等全面的自我管理能力。知识劳动者掌握着"知识"这种当今社会最关键生产要素的生产、分配、使用权，已经成为这种特殊资源实质上的管理者，客观上就须肩负提高这种特殊资源配置效率的责任。为有效地配置自我的知识资源，知识劳动者流动性增强，从业者变化岗位的频率已显著提高，"跳槽"已成为当今社会职场中的普遍现象。在新型职业生涯发展模式中，个人未必终身在一个组织中工作，而会在多个组织中发展自己的职业生涯，同时对于职业生涯成功的评价标准也发生了变化。职业成功不再仅仅通过外在成果（职务晋升和收入增加）来衡量，而是更重视内心的成就感和满足感。"知识令资源更具流动性。同体力劳动者不同，知识工作者通晓生产方法本身，他们的知识装在自己的脑子里，随时都可以带走。"知识劳动者的自我发展和职业定位的责任必须由个人自己承担，回答诸如"我现在需要承担哪些责任？我现在能胜任哪种工作？我现在需要积累哪些经验、掌握哪些知识和本领"之类的问题，必须在很大程度上成为个人的责任。

自我管理是人事方面的一场革命。这场革命向个人尤其是知识劳动者提出了前所未有的新要求。就基本内容而言，它要求每一个知识劳动者像首席执行官那样思想和行动。知识劳动者的工作是为自己的工作。大学生要想使自己能在今后激烈竞争的职场中保持较强的竞争力和较高的效能，不断取得进步和成功，就必须具有较强的自我认知能力、职业规划能力、自我决策能力，必须做好自我管理。通过正确的自我认知明确自我的优势及潜能，进行合理的自我规划明确自我职业归属，正确进行自我职业定位和职业选择，使自己的知识资源产生最高的生产效率。

知识劳动者平均工作年限较长——要求知识劳动者终身学习，具有管理好自己的后半生并具备能从事若干种职业的能力。荷南壳牌石油公司做过的一个关于企业寿命的统计，1970 年被美国《幸福》杂志列为世界 500 强的企业，到了 1983 年有 1/3 已经销声匿迹了。20 世纪 70 年代以来，世界范围内的企业平均寿命在缩短。在美国，平均有 62% 的公司存活不到 5 年，寿命超过 20 年的公司数量只占总数的 10%，只有 2% 的公司能存活 50 年；美国的高新技术企业只有 10% 能活过 5 年[①]。而在知识经济社会，发达国家人均寿命已达 80 多岁。知识工作者在大学读完各种学位才 30 岁左右，他们的实际工作寿命可能会长达 50 多年。知识工作者的实际工作寿命远高于企业的平均寿命，因此，终身都须为胜任一种以上的工作、任务或事业做好准备。正如德鲁克所说，在个人，尤其是知识劳动者的平均寿命超过 20 世纪初期任何人预测的任何界限的同时，用工机构的平均寿命却实际缩短了，并且有可能进一步缩短。知识劳动者的平均寿命可望超过雇佣他的组织，而他们得为自己的后半生新的职业生涯、新的技能、新的社会认同和新的关系做好准备。这要求大学生们明确，知识工作者必须自觉地进行自我管理，具备自我学习、自我完善等各方面的自我管理能力以使自己保持竞争优势，能毕生从事有意义、有价值的工作。

知识劳动者有较强的成就动机——要求知识劳动者具有较强的自我学习能力、自我创新能力、自我调控及自我完善能力。知识劳动者更强调自我价值的实现，更强烈地期望得到社会的认可，更愿意从事挑战性、创造性的工作，将攻克难关作为实现自我价值的方式。知识劳动既不能用数量也不能用成本来确定其意义，而只能用结果来确定其意义。即知识劳动者的成就与价值实现只能用效能、贡献来评价。根据德鲁克的观点，个人的自我成就与发展在很大程度

---

① 郭海龙. 现代化与自我管理问题研究 [M]. 北京：中国社会科学出版社，2007.

上取决于重视贡献的态度。能够自问"我能为组织业绩所作的最大贡献是什么"的人，实际上是在问"我需要什么样的自我发展？为了作出贡献我必须掌握哪些知识和技能？我应该在工作中发挥哪些长处？我应该为自己确定什么样的标准？"知识劳动者只有不断地将知识转化为价值，才是社会需要的人才。因此，知识劳动者必须具备较强的学习、创新能力，不断地挑战自我、超越自我，不断地用知识创造知识，才能让自我保持较高的效能和较大的竞争优势，实现自我价值。

知识劳动者的劳动过程难以监控——要求知识劳动者具有较强的自我约束、自我决策、自我控制能力。知识劳动者多以弹性工作制从事思维性活动，其劳动过程可发生在任何时间与场所，对他们的工作监控既无必要，也无可能。

知识工作者是不能采取严格监督和详细指导的办法来对待的，只能用帮助的办法，谁也无从知道知识工作者在想什么，然而想是他的特定工作，想就是他在"干工作"。知识劳动者不生产任何具有效能的物质产品，而是生产知识、创意和信息，他们的工作时间、工作地点并不完全固定，但他们却是各项工作任务实施中的实际决策人。知识劳动者须明确自己就是自己的管理者，发挥主观能动性自我约束、自我激励、自我调控，通过自我管理出色地完成各项工作。

（二）大学生自我管理是企业组织形式及工作制度变化的必然要求

知识经济时代生产手段（人的知识、技能）与劳动力实现了一体化，这就必然导致生产（工作）及其组织方式的变革，使生产（工作）及其组织趋向分散化：自组织企业与日俱增，组织结构日趋扁平化，产生了矩阵制组织、以自我管理团队为基础的团队型组织、网络型组织（虚拟企业）等；工作时间和工作地点的灵活性显著提高。而信息网络技术的发展为实施这种生产及其组织方式的变革提供了可能、创造了条件。

自组织企业，是指不存在外部指令，按照相互默契的某种规则，各尽其责而又协调地、自动地形成有序结构的组织。

自组织企业以自我管理作为企业的组织结构原则，它是信守承诺、不用强迫手段、没有任何头衔、不需要发号施令、没有单方面解雇人员的权力、互为同事、打碎一切等级制度的扁平化的自我管理型企业。自组织企业中工作的每个人都自由地、无约束地发挥他最大的能力和专业技能去从事他的工作，还具有同样的自由程度去为了提高业绩而进行创新变革，在工作场所，不存在任何阻碍沟通的屏障，每个人都可以和其他任何人商量事情，不管是否同一部门或同一工种。

自组织企业用"同事"取代了"雇员"，每个人都是为了自己的成就而工作，都是企业的"当家人"。现阶段我国越来越多的大学生们正是选择"自组织企业"进行创业。

扁平化组织，是通过破除公司自上而下的垂直管理结构，强调管理层次的简化、管理幅度的增加与分权而建立的一种紧凑的横向组织。目的是使组织变得灵活、敏捷、富有柔性及创造性。其组织具体形式主要有矩阵制组织、团队型组织、网络型组织（虚拟企业）等。无论哪种扁平化组织都具有如下显著特点：都淡化了部门垂直边界，消除了部门间、职能间、科目间、专业间的交流与沟通障碍，强调相互协作完成组织任务达成共同目标；都赋予团队成员极大的自主决策权，可以自主进行计划、解决问题、决定工作优先次序、支配资金、监督结果、协调与其他部门或团队的有关活动等；都通过分散权力和责任来激发人的积极性、能动性并扩宽管理幅度；组织中的影响力并非完全来自职权，知识、信息、人格魅力等因素往往超越职权的影响范围，在决策和日常运作过程中发挥更大的作用。为能有效降低成本、提高效率，在知识经济的发展中保持竞争优势，组织结构更加扁平化成为必然的趋势。

知识经济社会中，知识劳动者从互联网上获取劳动对象——知识和信息，并利用劳动工具——个人的智慧和创造性思维去创造新知识，多为远程办公，这使工作时间、地点都不再受限制，本来必须在固定时间到工厂、车间、办公室才能从事和完成的工作也可在其他时间和地点完成。如德鲁克所说："未来的典型企业应该被称为信息型组织。它以知识为基础，由各种各样的专家组成。这些专家根据来自同事、客户和上级的大量信息，自主决策、自我管理。"[①]在

---

① 龚俊恒. 德鲁克的管理金律［M］. 北京：北京联合出版公司，2019.

知识经济社会，生产（工作）分散化的组织方式、弹性工作制等都对人们的自我管理能力提出了更高的要求，人们必须具备较强的自我管理能力，尤其是自我决策能力、自我创新能力、自我调控能力才能适应并胜任工作，这使对未来知识经济社会的主力军——大学生们加强自我管理能力的训练就显得更加重要了。

（三）大学生自我管理是管理模式变革的必然要求

知识经济社会中，管理的内涵发生了重大变化。管理已从最初关注的是"如何通过机器增加工作成果，提高工作质量"，进步到"如何通过人力增加工作成果，提高工作质量"，而现在更是发展到以"如何通过工作发展自我"为管理的重点阶段。

在自己拥有知识资源的知识劳动者为主体的知识经济社会中，"管理者"这一称谓，泛指知识工作者、经理人员和专业人员，由于其职位和知识的特殊性，他们必须在工作中做一些影响整体绩效和成果的决策。

管理的本质是协调。就协调活动本身来说，被管理者的配合程度直接影响着协调的最终成效。知识经济社会中的管理是人本管理。人本管理克服了把组织中的绝大多数成员放在被管理的地位上，忽视他们的自觉能动性和应当承担的管理责任，限制他们管理才能地发挥等传统管理的缺陷，在深刻认识人在社会经济活动中的作用的基础上，突出人在管理中的地位，实现以人为中心的管理。追求人本就是追求以人的个性为本，以人的创造性为本，以人的自我实现为本，以人的价值最大化为本。以自我管理为最终追求目标的人本管理，是管理理论发展的必然结果。人本管理的核心即自我管理。

在知识劳动者作为管理者的知识经济社会中，管理的含义不再仅仅是管理者去管理人、教育人了，管理的重要内容应该是管好自己。现代管理更侧重于"动员"（mobilising），而非"组织"（organising）。只有个人发挥最大潜能，组织才能获得持久的巅峰表现，这就是自我管理的意义所在。强调自我管理，是因为管理责任的最终落脚点是个人。大学生具有自我管理能力，才能适应现代管理模式发展变化的需要。

综上所述，社会的发展与变革迫切需要全面培养作为未来知识劳动者的当代大学生的自我认知、自我规划、自我激励、时间管理、自我职业选择、自我决策、自我沟通、自我学习、自我控制等各方面的自我管理能力。

二、大学生自我管理是实现个人全面发展的必然要求

马克思主义认为，人的全面发展是指每个人自由、全面而和谐的发展。全面发展的人一定是能够卓有成效地进行自我管理的人。人的全面发展必须实施自我管理，通过提升自我管理各方面的能力才能实现。

（一）大学生自我管理是合理确立自我全面发展目标的必然要求

人的全面发展必须有目标导向。通过自我认知、自我设计才能合理确立自我全面发展的目标。

关于自我发展，有一点我们都很清楚：人们一般根据自己所确定的要求发展成长，而知识劳动者尤其如此。他们按照被自己视为成就和造诣的东西发展自己。目标决定着大学生个人全面发展的根本方向。进行自我管理，通过客观正确的自我认知，才能真正明确自己的价值观、人生观、世界观，明确自己的优势、不足与潜能，明确自己的职业归属，明确自己应该如何生存与发展等决定人生发展的关键性问题；通过围绕自我价值实现和全面发展的最终目的合理地进行自我设计，才能制定出自我全面发展的总体目标和切实可行的各阶段的具体发展目标，使自己能在明确的自我全面发展目标体系的指导下，确保努力方向不偏离既定的全面发展的轨道，自我潜能和价值都能得到最充分的发挥和实现。

（二）大学生自我管理是践行自我全面发展目标的必然要求

人的全面发展是一个由片面到全面、由畸形到完整、由贫乏到丰富、由潜在到现实的不断自我完善、自我实现、累积并创造自我价值的自我管理过程。

1. 自我管理是大学生自我完善的需要

人在不断妥善解决自我矛盾的过程中才能进行自我完善。人的自我意识由

物质自我（个体对自己身体的意识）、社会自我（个体对自己在社会关系中的地位和作用、权利和义务的意识）、精神自我组成（个体对自己心理的意识）组成。自我意识会分化成主体自我和客体自我、理想自我和现实自我等形式。主体自我不断认识和改造着客体自我；理想自我不断评价和塑造着现实自我。而人总是以特定的、把自身作为起始的观点来理解他生于其中的世界，并寻求和根据这同一观点来操纵这一世界。他借以发现世界的过程是以他的自我为中心的。这就会产生自我在认识、情感和意志上的不一致，理想与现实不相符，导致自我矛盾。心理学研究表明，人所谓的自我不是一个，而是多个自我。多个自我协调工作，就是正常的人；如果不协调工作，就变成精神病者，叫精神分裂症。解决自我矛盾就需要改变存在于我们思想和行动中的某种假定问题，这将意味着同我们在外表上已经取得的进化一样多的内部的进化。现在，进化的先锋就是内省意识。实际上进化的过程现在已在我们每个人的身上变得内在化了。通过自我学习、自我反省、自我约束、自我调节和自我控制，才能解决好主体自我和客体自我、理想自我和现实自我的矛盾，才能实现物质自我、社会自我、精神自我的统一，按照自我全面发展目标矫正自己的心理和行为，让自我发展中各个方面的关系都能处于最佳状态，有效推进大学生个体的自我完善。

2. 自我管理是大学生自我实现的需要

自我实现的需要是人的本质需要。按照他的观点，一个人要想具有完整的人性，他的基本需要和超越性需要都必须得到满足。"只有在为我们所缺乏的事物而奋斗时，在希望得到我们所没有的东西时，在我们将自己的力量积蓄起来以便为满足这种愿望而奋斗时，才会把自己的各种本领都最大限度地施展出来。"亦即自我只有不断超越自己，使自己趋于自己设定的存在状态，在不断地自觉追求中才能真正达到自我实现。而自我实现与自我管理紧密相连，自我实现是自我管理的目标；自我管理是自我实现的保障和具体体现；自我实现的过程亦即不断进行自我管理的过程。

3. 自我管理是大学生创造自我价值的需要

大学生的价值是指他们所具有的知识、能力，以及能够凝聚、启动并发挥这些知识和能力作用的、为社会创造价值的良好心理素质、道德素质、思想素质、政治素质以及身体素质。大学生价值的大小与其内在文明素质紧密相关，文明素质越高，其认识能力、创造能力就越强，自身的价值就越高，所能创造出的社会价值也就越大。如同通常的管理是社会生产力发展和社会经济价值创造的有效工具一样，自我管理也是个人生产力和自我价值创造的有效工具和手段。通过自我管理可以使人们的价值形成链得以有效展开，使人格素质得到不断提高；通过自我管理可以使大学生的内在的资源（价值观、时间、心理、身体、行为、信息等）进行有效的分配和整合，充分地开发个人的潜能，实现个人的全面发展和创造更高的自我价值。

假若大学生们能合理地管理自身的心理，将提高自身的认知水平，增强自身对情绪的控制力和意志力；能合理地管理自我的时间，将加速个人的发展进程，创造更多的价值，实际上相当于延长了自身的生命；能合理地管理自己的身体，将使自身变得更为强健和富有活力；能合理地管理自己的知识和信息，将使自身变得更加聪明和博学；能正确合理地对自己效内的社会工作角色进行定位和管理，不但将使自己获得更多的管理知识和技能，还将有机会学会处理人际关系的正确方法；能合理地管理自身的价值观、动机和行为，将使自己的每一项活动都成为一个有效的学习过程，一个使自我价值逐步增值、素质不断提高的过程。

（三）大学生自我管理是自我成就的必然要求

全面发展获得人生成功的人是能作出贡献、享受了充实的人生和实现了自己人生意义的人。实现全面发展走向人生成功需要围绕如何发挥自己的优势和实现自我价值，依靠自觉的自我管理来获得。自我管理、自我完善、自我实现是完整的统一过程，自我管理是成功的基础和途径。

人的全面发展和成功并不完全取决于智力、情绪或性格的某个单项指标是否高超，而是取决于各单项指标之间的有机结合程度，这种有机结合则需要较强的自我管理能力。虽然如智力等某些自身条件较难改变，但通过自我管理去正确认识自身的智力、情绪或性格等特征，并加以妥善管理，促进单项指标间的有机结合，就能不断提高自己的综合能力。一个有较强自我管理能力的人，不仅能够较合理有效地安排各项工作任务，而且在客观理解他人、摆正自己与他人位置方面也有着天然的优势，于是便在自身与环境、主观与客观这两个方面都能实现基本条件的最佳利用，把自己安排在一个最能作出贡献的地方，从而大大提高了事业和人生的成功率。古今中外但凡有成就的人，其成就过程都离不开严格的、科学的、不懈的自我管理，否则就无法遇逆境而不折、处顺境而不惰。历史上那些极成功的人——拿破仑、达·芬奇、莫扎特，一直都在进行自我管理，在很大程度上，也正是自我管理使他们成为伟大的成功者。

自我管理不仅有助于个人高效地服务于组织和社会；更有助于个人能自如地舒展身心，拥有更精彩、更丰富、更满足的生活，使人的自我知识、技能、态度、创造性、智慧和意识有机组合，使自我的职业发展和社会生活更有效地融为一体，使人的"类特性""社会特性"和"个性"都得到最充分、最和谐的全面发展和发挥，最大限度地感受到自我的本质和价值的实现。大学生自我全面发展的实现和人生最终成功的取得，取决于持续且卓有成效的自我管理。

三、大学生自我管理是体现高等教育实质、提高教育质量的必然要求

素质教育是现代高等教育（又称大学教育）的根本。我国深化教育改革的方向是全面推进素质教育。在现代社会的教育体制中，高等教育是培养大学生作为知识劳动者进入社会的最后一个门槛，因此，大学作为学生综合素质与能力教育整个链条中的最后一环显得尤为重要。从苏格拉底的大学理念开始，大学一直是作为一种文明延续和发展的空间而存在，以培养具有深厚人文底蕴、创新意识、理性精神、综合素质、掌握专业知识且能为社会创造价值的独立个体作为教育的目标。善于自我管理将是大学生成功学习和面对知识经济社会各种挑战必须具有的最基本的能力与素质之一。大学生自我管理是知识经济的发展对提高我国高等教育质量的必然要求。

（一）大学生自我管理是体现高等教育实质的必然要求

我国著名教育家陶行知先生曾大力倡导"学生自治"，主张让学生学会自

己管理自己，认为学校的教育应当注重培养学生具有自我管理的能力、自我约束的能力，以适应未来社会发展的需要①。苏联教育学家苏霍姆林斯基说："唤起人实行自我教育的教育，按照我的深刻信念，乃是一种真正的教育。"②德国教育之父洪堡认为，教育必须培养人的自我决定能力，而不是要培养人去适应传统的世界，不是首先要去传授知识和技能，而是要去"唤醒"学生的力量，培养他们自我学习的主动性、抽象的归纳能力和理解力，以便使他们在目前尚无法预料的未来种种局势中做出有意义的自我选择③。

社会系统的机制包括社会化机制与社会控制机制，而个体人格的形成首先是一个社会化的过程，即个人被社会所整合，将社会价值观念内化为自身独立人格的过程。这种内化早期是在家庭中以"认同"的方式进行，随后在社会化机构中以社会学习的方式继续进行。早期内化价值是一般性的，形成基本的个性结构；成年后的内化价值则带有特殊性，形成各种各样的人格结果。高等教育对大学生人格形成的作用极其重要。

真正的教育是自我教育的教育。自我教育是教育的目的和归宿。素质教育的主要内容之一就是培养大学生的"自主学习、自我教育和自求发展"的能力，而这些能力的发展需以大学生的自我管理能力的提高为基础和前提。大学生的自我管理，是指大学生们对自己本身，包括对自己的目标、思想、心理和行为等表现进行的管理，其主要特征是自己把自己组织起来，自己管理自己、自己约束自己、自己激励自己。自我管理依据"外因是变化的条件，内因是变化的根据"这一哲学的基本原理，强调的正是个人生存、发展中内因的决定性作用。

教育作为培养人的社会活动，必须与时俱进。知识经济的发展要求知识劳动者具有正确的自我认知、自我规划、自我学习、自我决策、自我调控、自我完善等方面的自我管理能力。知识经济社会使终身教育逐步成为人们的生活必需，要求通过多种自我教育的形式，向每一个个人提供最大、最真实程度上完成自我发展的目标和工具，使知识劳动者能保持竞争能力、创新能力。知识经

① 梁伯琦. 陶行知教育名篇评述［M］. 杭州：浙江工商大学出版社，2022.
② 韩和明. 苏霍姆林斯基的教学方法与艺术［M］. 太原：山西人民出版社，2020.
③ 波尔舍. 洪堡哲学思想评述［M］. 赵劲，陈嵘，译. 上海：同济大学出版社，2017.

济的发展要求知识劳动者具备更高的适应社会的智能。"人类智能是人类个体在复杂多变的社会环境中，能有效思想和行动以达成既定目标的学习和应变能力。"智能中的思维能力、社会学习能力、自我反思和自制能力、社会认知能力、人际关系能力、自我激励与行动能力等，正是自我管理能力中的基础能力。智能的发展依赖于自我管理能力的培养。时代与社会的发展已对我国的高等教育提出了新的更高的要求，我国的高等教育必须大力推行自我管理式教育与自我管理式学习积极应对模式。教育理念上须明确大学生既是被教育者，同时又是教育者——他们是自己的教育者。

学生归根到底是自己教育自己，在他自己身上而不是在别的任何地方发生着长期决定他的行为的各种影响的决战，这就要求教育重心不能放在直接地改变学生的心理和行为上，而是要认真探索如何依据人的生命运动规律去充分调动学生的身心自动调节功能，使他们进行自觉的思维创造和行为控制活动。让学生学会自我管理和自我教育，这是取得最佳教育效能的根本所在。离开了学生自我管理能力的培养，教育也就失去了成功的可能。

大学生自我管理是我国高等教育强化素质教育实质性的重要内容，也是教育基本精神之所在。高度重视培养大学生的自我管理能力，最大限度地激发他们潜在的智能，让他们在大学期间能学习独立思考和自由创造，懂得如何生存、怎样适应，明确创造实现自我人生价值和社会价值的目标和路径，才能真正更好地体现出教育的实质。

（二）大学生自我管理是提高大学教育质量的必然要求

长期以来，我国的高等教育过度专注于专业教育，努力构建学生的专业知识体系，而疏于学生的综合素质与能力的培养。始于 20 世纪 90 年代末的高校扩招，更加剧了中国高等教育的质量问题。中国普通高校的招生人数 1999 年、2000 年、2001 年与 1998 年相比，3 年共扩招 300 多万人，由每年 108 万人增至 270 万人，翻了一番，普通高校学生规模增长近一倍[①]。美国斯坦福大学校

---

① 郑树山. 中国教育年鉴 2001 ［M］. 北京：人民教育出版社，2001.

长说，如果斯坦福的校园面积增加一倍，学生的人数也增加一倍，那么，这所大学要花 20 年才能达到原有的教学质量。"扩招"不仅使大学在某种程度上成为批发文凭的市场，忽视和牺牲了大学精神、潜藏严重的人文危机等问题，更使高等教育质量受到极其严重的影响[①]。

迈克尔·波兰尼（Michael Polanyi）认为："人类的知识有两种。通常被描述为知识的，即以书面文字、图表和数学公式加以表述的，是一种类型的知识。而未被表述的知识，像我们在做某事的行动中所拥有的知识，是另一种知识。"[②]他把前者称为显性知识，而将后者称为隐性知识。

隐性知识是高度个人化的知识，很难规范化也不易传递给他人，主要隐含在个人经验中，同时也涉及个人信念、世界观、价值体系等因素。隐性知识是主观经验或体会，不容易运用结构性概念加以描述或表现。知识经济社会中，隐性知识的重要性日益凸显，隐性知识通过分析和整理，并进行系统化、载体化处理后，可转化为显性知识，这就是知识创新的过程。隐性知识是企业创新的源泉，它能够不断为企业带来利益，是形成企业核心竞争力的最宝贵资源。对于以知识为核心资产的知识密集型企业而言，隐性知识对企业的发展更是至关重要。知识经济社会中的企业必然对于组织成员的隐性知识提出更高的要求。

自我管理的技能是一种重要的隐性知识，具备隐性知识是取得成功的关键。一个人的综合能力与智慧取决于自身的自我管理能力，因此，个体具备的自我管理能力对于成功来说，比起具备的具体学识和技能更具有决定性作用。学习隐性知识的唯一方法是领悟和练习，进行自我管理是强化大学生隐性知识教育、提高大学教育质量的重要措施和根本途径。

第四节　大学生自我管理的步骤

大学生自我管理与其他管理活动一样，是由一系列的活动过程构成的，它包括自我认识、自我计划、自我组织、自我控制和自我监督等活动过程。这五

---

① 哈尔滨工业大学科研处. 外国教育资料汇编第 5 期美国斯坦福大学介绍 [M]. 哈尔滨：哈尔滨工业大学.

② 波兰尼. 个人知识：迈向后批判哲学 [M]. 许泽民，译. 贵阳：贵州人民出版社，2000.

个过程一环扣一环，步步深入。事实上，自我管理的每一具体目标的完成或某一种品德的养成，都需要经过这五个环节，并需要经过若干次的循环和反复的训练才能实现。因此，不妨把这五个过程（环节）看作是自我管理的一个循环。大学生要实施自我管理，并期望实现自我管理的目标就必须重视这五个环节的有效运作，使每一个环节紧密相连，并尽力在每一环节完成之后，在实现自我管理的某一具体目标或某种品格上，都有明显的进步和标志。

根据管理职能的划分原则，可以将自我管理划分为以下步骤。

一、自我认识

这是自我管理的第一步骤，就是对自己的整体素质进行客观分析（即 SWOT 分析）。自我分析是进行自我管理的起点，没有科学的自我分析，就没有科学的自我管理。科学的分析内容包括个人素质优势，如记忆力强、能吃苦；个人素质劣势，如不够勤快、比较懒散等；个人素质提高的机会，如教师素质高、有良好班集体等；成长的外部环境压力，如社会发展对当代大学生素质要求越来越高。

有美国心理学专家认为，面对具体的需要改变的问题，人们存在五种状态。第一种状态："回避"（avoidance），即根本不去想、不去分析，也不承认自己存在不足，无论这些不足是多么明显。第二种状态："思考"（contemplation），即已开始意识到需要改善的地方，也希望改善，但实际上为此并没有做任何事情和付出任何努力。第三种状态："计划"（planning）或"行动"（action），即已作了自我改善的计划，并决定开始实施改善计划；或者已制订了一个有效计划，并积极行动。第四种状态："维持"（maintenance），即巩固所取得的成绩和所达到的目标。第五种状态："结束"（termination），即实现了改善计划，达到改善目标。

这一理论对自我改变过程中的实际状态进行了比较科学的划分，有助于人们认清实施自我管理和自我改善时实效不大的原因，对如何实施有效的自我管理，也提供了重要启示。

一部分学生自我管理或自我改善计划的成效不显著，一个很重要的原因就在于他们还处于"回避"状态。他们常常写个人总结、个人鉴定。但往往流于形式，许多同学不能正确、客观和系统地认识自身的优点和缺点，认识自己成长和发展的有利与不利条件，尤其不能客观地面对自己存在的问题。许多同学在自我总结或自我鉴定书中，讲自己的缺点的内容相当少甚至一点都没有，这就意味着不必要改善什么，如果这样，又要自我管理干什么呢？这就使得自我管理的活动难以深入下去。

要使自我管理活动有效地进行下去，必须突破"回避"状态，积极地做好自我分析工作，在对自己进行认识时，必须掌握以下科学的自我认识方法。

首先，要对人的非选择性（即社会、家庭、遗传的生理素质以及不可抗力事件的发生是无法选择和不能抗拒的）和人的可选择性（即人有能力决定自己在一定的先天条件下如何造就自我、完善自我，以实现人生目标）以及两者之间的关系有一个理性的认识，客观地解剖自己，既不自欺，也不自卑，做到自知、自信、自尊。

其次，要选择社会中的优秀分子（或符合高等教育发展目标要求的群体），作为认识自我的镜子和参照系。敢于承认他人的长处，虚心向他人学习，但是不简单模仿。

最后，要在不断认识社会的本质中认识自我，做到在认识社会发展的进程中寻找自我的位置，要在认识社会发展的主流中调整充实自己，要用辩证唯物主义和历史唯物主义的思想方法去辨析自我。

二、确定改善目标

这是自我管理的第二步骤，就是在自我评价和自我认识的基础上，确定个人素质改善的机会和目标。通过比照个人素质与高等教育素质目标要求，找出个人不足之处，并确定改善计划和阶段目标。制定的发展目标是最终目标，不可能一步到位。因此，必须结合个人素质基础和外部环境条件，分阶段实施，逐步实现。

在确定目标时，必须遵守以下几个原则：

（1）质量统一原则。无论确定哪个目标，都要力求具体化，做到定量和定性相结合，有明确目标标准。

（2）次序优先原则。结合自己的实际情况对要求实现的目标进行分解，依据轻重缓急进行次序先后排列。

（3）时间限定原则。改善目标若没有时间限制，则等于没有约束，使目标成为一种幻想。为此，确定改善目标必须写清在什么时间内达到。对于大学生来说，一般可制定每学期目标、每学年目标和大学毕业目标。毕业后的具体目标也可考虑，但可以粗略一些。重点是确定好大学期间每个阶段的具体目标。

（4）目标先进可行原则。定下的目标标准要先进、合理，要具备可行性，要使目标既有挑战性、激励性，又能够在现有条件下通过努力而实现。标准太低，则没有驱动作用，调动不了积极性；标准过高，实现不了，则容易挫伤自信心和积极性。

（5）整体协调性原则。在制定目标时要从整体出发，注意每学期改善目标的平衡、衔接、统筹和协调，建立一个科学的改善目标体系。

（6）可考核性原则。在管理中，不能考核的目标是没有意义的。要使目标具有可考核性，必须尽可能使目标标准具有可量度性。对于难以量化的目标，可借用详细的计划说明，或借助与之有密切联系的其他量化因素等办法，来提高可考核准确程度。

三、助力和阻力分析

这是自我管理的第三步骤，就是对上述确定的各项目标的实现存在哪些助力和阻力进行具体的分析。这是制定具体改善措施的前提步骤。知己知彼，百战不殆。在进行此项工作时，对个人的主、客观环境条件要作尽量深入的系统的考察。譬如确定第一学期英语期末成绩的目标是 90 分以上，那么，达到目标的助力（用文字表述出来）可能是：

个人因素：英语学习兴趣大，英语学习基础好，记忆力较强。

学校因素：英语教师素质好，教学水平高，班上学习英语的气氛浓厚。

校外因素：企业对英语素质较高的有关技术专业人员需求量大。

你达到目标的阻力可能是（也要用文字表述出来）：

个人因素：习惯拖延，比较懒惰，贪玩，注意力不集中。

学校方面：班上学习英语的气氛不浓厚，班风欠佳。

学校外因素：没有。

尤其要注意的是阻力识别问题，某一阻力表面看很简单，但实际上涉及一系列的问题。

有学者认为，所有问题都可以分解成五个部分：行为问题（the behavior in-volved）、情绪问题（the emotions experienced）、技能问题（the skill you may）、态度—价值问题（the mental processes）、无意识因素问题（the unconscious forces）。

为了对这个方法有更深一层的了解，这里再举一个稍微复杂的例子：某大二学生拖延习惯非常严重。这里就此问题进行分解：

部分 1：行为。包括不到考试前几天不复习，不到老师催交作业不做作业。宁愿看电影、听音乐、参加晚会、睡觉或与朋友在一起闲聊。没有任何学习时间安排表，从不列出需要做的事，常常忘记应该做而且重要的事，只是凭一时兴趣做一些对人生目标实现并没有多大益处的事。寻找捷径，包括欺骗、要好朋友代写论文或做作业。

部分 2：情绪。包括讨厌学习，上课是无聊的，上学是无用的，希望快点毕业去挣钱。

学习总是匆忙，总没有好好准备学业；上课总是忧虑，讨厌考试和退回论文重写；总是为功课和考试难堪。感觉被强迫学习，情愿与朋友聊天做一些好玩的事，不能做想做的事就容易生气。对欺骗没有一点负疚，相反认为这是聪明。

部分 3：技能。阅读速度和能力很差，能理解的更少，除非阅读多次。写作能力差，常写错字。常常与同学闹矛盾，不善沟通交流、与人相处。

部分 4：心理活动过程。认为在校学习是浪费时间；认为重要的是如何控制别人，且擅长此道。认为当离开这讨厌的学校走上工作岗位时，将是一个有责任心、有创造力的成功的企业家。认为自己是很聪明的，因为不上课还能找出好借口，能让老师同意缓考。

部分 5：无意识因素。也许讨厌父亲是一个工作狂，又感到被母亲冷落。有时认为自己是一个骗子，是一个懒惰者。当想到这些，感到内疚并且意识到前途黯淡，极力排挤这些想法，想知道在自己的意识里是否认为自己在生活中注定要失败。

从上述分析可知，五分法能使我们更深刻地揭示问题的本质。某学生一个简单的拖延行为的问题，其内在的原因涉及以自我为中心、自我控制能力差、学习技能差、自我欺骗、自大、缺乏道德、家庭问题等因素。因而解决拖延行为问题就需要从多方面着手，也许需要解决他的习惯、态度、目标、关系以及他的无意识的问题等。

当然，拖延行为，对许多人来说，可能只不过是时间的自我管理问题，只要建立一个良好的活动时间安排表，并认真执行即可，不必夸大其词，将简单的问题复杂化。在利用五分法时，首先要尽量简单和快速完成分析，然后找出一个简单的方法加以解决。如果一切顺利，就不要再浪费时间。假如不是如此，就有必要用五分法进行彻底分析。

四、制定措施

这是自我管理的第四步骤，就是制定实现改善目标的具体措施。这一步骤主要是就自己定下的素质改善目标以及学业目标要求提出具体的对策。

为了顺利地完成本步骤的任务，要注意下列改善素质不足的措施方法：

学习的方法，认识是人们行为的基础，而认识的重要方法之一就是学习。所以，为了实现改善目标，从而达到当代大学生的发展目标，必须加强学习。

积极参加社会实践活动的方法，社会实践是当代大学生提高素质的重要形式。当代大学生只有在社会实践活动中才能真正认识自我、反省自我。

积极参与集体活动的方法，当代大学生除了采取接触社会的实践活动方法之外，利用校内集体活动也是实现改善目标的措施之一。校内反复的、经常性的实践活动对当代大学生素质的提高具有重要意义。

认真维护和执行学校制定的一整套管理制度和规定。一所学校为了维护正常的教育、工作和生活秩序，保障学生的身心健康，促进学生德、智、体诸方面协调发展，都有一套行之有效的科学管理制度，当代大学生认真遵守学校制度有利于培养良好的心理、道德、思想、政治和学业素质。

五、自我控制

这是自我管理的第五步骤，就是具体行动过程中的自我控制。自我控制是实现改善目标以至最终达到自我管理目标的基本保证。为了顺利实施自我控制必须做好如下工作。

（一）把握自己的心理，做自己内心世界的主宰者

首先，要树立强烈的自信心，自信是造就成功、实现自我的一个基本要素，是当代大学生实现品德修养和发展目标的动力源泉。正如卢梭所说："自信力对于事业简直是一种奇迹，有了它，你的才干便可以取之不尽，用之不竭；一个没有自信力的人，无论他有多大才能，也不会抓住机会。"[①]

其次，要开阔心胸，要做到严于律己，宽以待人，想想自己是否有不当之处，期望值是否过高，有否超越客观现实之处。对别人多一点理解和宽容，对自己多一点自责和自律；要做到正确对待名利，过于看重名利往往容易把问题看得很大和很严重，把名利看淡一点、问题看轻一点，事情往往不解自通。

（二）做好行为控制，做自己行为的主人

首先，必须学会运筹时间。时间就是生命，时间就是金钱，时间就是效率。既要树立时间观念，更要学会科学管理时间的方法。

其次，必须克服懒惰。懒惰是成功的天敌，人的每一次成功都是不断克服自我惰性的结果。学习较差的那一部分同学，大部分都比较懒散，"早晨睡懒觉、上课不动脑、作业不思考、考起试来就傻脑"是这部分学生的真实写照。要成功必须克服懒惰，要从养成良好的生活学习习惯做起，包括制定严格的作

---

① 韦渥. 卢梭［M］. 裴奇，译. 北京：新华出版社，1988.

息时间、学习计划、文体活动时间以及养成良好的卫生习惯。

六、自我评价

自我管理的第六步骤，就是进行自我考核和自我评价。从自我管理的过程来看，这一步是一个管理周期的起点，也是一个管理周期的终点。每一学期每一步实施自我管理计划是否有效，需要通过认真的自我考核和评价才能准确地看出来。学生除了要认真做好学校统一安排的每个学期末进行的一次总结外，还必须自觉坚持进行经常的、及时的自我评价，对自己的进步和不足始终保持清醒的认识，不断提高自我修养的自觉性，沿着既定的人生目标不断提升。

在自我考核和自我评价过程中，应考虑以下四方面的问题：

（1）这一阶段目标的达成情况，哪些实现了，哪些没有实现，有多少进步。

（2）与同样条件的同学相比，进步是慢还是快，哪些方面做得好，哪些方面还有进步空间。

（3）与客观现实相比，满足了社会发展哪些需要，经过这样一比较，会获得对自己的新认识，为新的修养和自我管理周期的开始做好准备。

（4）在自我评价中，既要看到成绩又要看到不足，既不要骄傲自满，也不要自卑。

第二章　目标管理

目标管理的指导思想是以管理心理学中的"Y 理论"为基础，即认为在目标明确的条件下，人们能够对自己负责。本章围绕目标管理这一主题展开论述，分为认识目标管理和目标管理的应用两部分。

第一节　认识目标管理

一、目标管理的内涵

目标管理是 20 世纪 50 年代以后发展起来的一种管理方法，它以组织的总目标为中心，运用系统方法建立分层的目标体系，通过分权调动被管理者的能动性，从而有效地完成组织任务。

美国通用电气公司最先采用，并取得了明显效果。其后，在美国、西欧、日本等许多国家和地区得到迅速推广，被公认为是一种加强计划管理的先进科学管理方法。我国自 20 世纪 80 年代初开始在企业中推广应用。

管理的原则就是能让个人充分发挥特长，建立团队合作，调和个人目标和共同福祉的矛盾。目标管理和自我控制是唯一能够做到这一点的管理矛盾。目标管理一方面强调管理的目标导向；另一方面强调目标管理的内部控制，即员工的自我控制。

目标管理作为一种先进的管理思想、一种科学的管理方法，被称为"管理中的管理"。这种管理方法就是通过设立目标、分解目标、实施计划、监测控制、修正计划、评价目标成果等自我控制的手段来达到管理的目的。

目标管理的精髓在于它的积极性、主动性、创造性和条理性，每个人都成为管理的主动者，个体能力得到激励，提高了工作成效，改善了人际关系。

二、目标管理的特点

目标管理是现代管理科学中比较流行、比较实用的管理技术之一。它的本质在于把目标作为管理中的激励手段，并且贯穿于管理过程的始终，强调目标的实现，重视成果的评定，提倡个体能力的发挥。主要具有以下几个特点。

（一）目标管理是面向未来的管理

目标是人们对于未来的期望值，具体目标能把人的行为导向未来，从而不断激励个体发挥自身最大潜能，取得令人满意的目标成果。

（二）目标管理是系统整体的管理

目标管理就是将整体目标逐级分解，转换为局部子目标、个体的分目标。在目标分解过程中，权、责、利三者已经明确，而且相互对称。这些目标方向一致，环环相扣，相互配合，形成协调统一的目标体系，实现系统整体的管理。

（三）目标管理是注重成果的管理

目标管理以制定目标为起点，以目标完成情况的考核为终点。工作成果是评定目标完成程度的标准，也是考核和奖评的依据，成为评价管理工作绩效的唯一标志。在目标管理制度下，监督的成分很少，而控制目标实现的能力却很强。

（四）目标管理是自我控制的管理

目标管理是一种民主的、自我控制的、重视人的管理制度，也是一种把个人需求与组织目标结合起来的管理制度。它强调实现管理中的"自我控制"与"自我调整"，具有强烈的自觉性和主动性，能将"要我做"转变为"我要做"，使个体进行自我激励，注重发挥个体的聪明才智、创造性和创新性，尽最大努力将工作做好。

三、目标管理的功能

（一）克服了传统管理的弊端

传统管理主要有两大弊端：一是工作缺乏预见和计划，没事的时候，尽可悠闲自得，一旦意外事件发生，就忙成一团，成天在事务中兜圈子；二是不少组织中的领导认为权力集中控制才能使力量集中、指挥统一和效率提高。

（二）提高了工作成效

目标管理不同于以往的那种只重视按照规定的工作范围、工作程序和方法进行工作的做法，而是在各自目标明晰、成员工作目标和组织总目标直接关联的基础上，鼓励组织成员完成目标。同时，目标同客观的评价基准和奖励相配套，这有利于全面提高管理的绩效。

（三）使个体能力得到激励

在管理目标建立过程中，成员可以各抒己见，各显其能，有表现其才能、发挥其潜能的权利和机会；工作成员为了更好地完成个人目标，必然加强自我训练和学习，不断充电，提高能力。目标管理的确定既要根据个人的能力，又要具有某种挑战性，要达到目标，必须努力才有可能。

（四）改善了人际关系

根据目标进行管理，组织的上下级沟通会有很大的改善，原因在于：第一，目标制定时，上级为了让员工真正了解组织希望达到的目标，必须和成员商量，必须先有良好的上下沟通和取得一致的意见，这就容易形成团体意识；第二，目标管理理念是每个组织成员的目标，是为组织整体完成并且根据整体目标而制定的。

四、目标设定的原则

制定目标看似一件非常简单的事情，每个人都有过制定目标的经历，但是如果上升到现代管理技术的层面上，就要掌握并运用 SMART 原则。

所谓 SMART 原则，即：

S 代表具体性，主要是指两点：目标设定不能过于宽泛，不能过于笼统；目标设定不能主观。

具体实施要求是：目标设置要包含具体项目、衡量标准、达成措施、完成期限以及资源要求。

M 代表可衡量性，绩效指标应是数量化或者行为化的，具备渐进性，验证这些绩效指标的数据或者信息是可以获得的。

具体实施要求是：目标的衡量标准遵循"能量化的量化，不能量化的质化"。

A 代表可实现性，指绩效指标在付出努力的情况下可以实现，要有挑战性，避免设立过高或过低的目标。

具体实施要求是：目标设置要具有可达性，可以制定跳起来"摘桃"的目标，不能制定跳起来"摘星星"的目标。

R 代表目标必须具有相关性，相关性就是目标要与目的相关联，如果目标脱离了目的，完全不相关，或者相关度很低，就会捡了芝麻丢了西瓜，甚至可能会南辕北辙。

具体实施要求是：目标的设定是要和岗位职责相关联的，不能跑题。

T 代表时限性，目标设置要具有时间限制，没有时间限制的目标没有办法考核。

具体实施要求是：根据工作任务的权重、事情的轻重缓急，拟定出完成目标项目的时间要求，定期检查项目的完成进度，及时掌握项目进展的变化情况，以及根据情况变化及时地调整工作计划。

总之，无论是制定团队的工作目标，还是员工的绩效目标，都必须符合上述原则，五个原则缺一不可。目标制定的过程是对工作掌控能力提升的过程，完成计划的过程也就是对个体现代化管理能力历练和实践的过程。

五、目标管理的实施

目标管理是一个不间断的、反复的、动态的过程，只有通过定期或不定期的考察，搞好自我调节、补充、完善、提高，形成一个连续封闭的回路，才能适应变化的要求。

目标管理的实施过程一般经过以下四个步骤。

（一）制定目标

包括制定目标的依据、对目标进行分类、符合 SMART 原则等，形成一个相互衔接、协调平衡的目标体系。

（二）实现目标

这是决定性阶段。在目标实现过程中，贵在坚持，贵在自我激励，发挥积极性、主动性、创造性，进行自我控制，促使目标达成。

（三）信息反馈处理

围绕目标的完成程度、困难程度和为完成目标的努力程度、资源利用程度等不断进行调整，以便总结经验，克服缺点，进一步进行目标调整、提高目标管理水平。

（四）成果评价

以自我评价为基础，进行成果评价。根据成果评价结果，兑现奖惩。完成成果评价，使目标管理进入下一轮循环过程。

第二节　目标管理的应用

一、大学生目标管理现状

（一）缺少自我规划与清晰目标

当代大学生的自我意识明显增强，但自我认知和自我规划方面存在很大问题。数据显示，大约有 70% 的在校大学生对自己的未来没有规划，缺乏未来职业规划意识，甚至有些同学会患上"空心病"①。有些大学生刚进大学时，被丰富的大学生活所吸引，过多地参加各种社团活动、社会实践活动、学生会活动，对于学习不够重视，没有权衡好学习与参加社团、学生会实践活动之间的关系。一些自控力不强的同学，整天沉溺于网络与游戏，没有明确的学习与生活目标。还有一些同学的目标管理仅限于想一想的状态，没有详细计划和实施的步骤，自我定位与规划能力需要进一步改进与提高。

（二）目标设置不合理

大学生虽然对于目标的重要性有着正确的认识，但由于大学生对于环境变化不能准确把握以及自我认知偏差，制定的目标常常过于宽泛、过多、过于主观、过高或过低，以至于目标对于大学生发展起不到应有的激励作用。

（三）目标激励机制不合理

目标激励是调动个体的力量源泉。在实施目标管理的过程中，由于没有及时检查与反馈目标的制定及成效，未做出合理的分析与评价，没有进行适当的调整，目标激励机制不完善，或者执行力较差，自我目标实施监督评估随意性大，致使目标激励没有发挥应有的作用，自我管理的效果不理想。

（四）高校对大学生自我管理的指导监督工作不到位

有的高校没有形成完备的大学生自我管理制度和目标管理的监督、检查和评价体系，对大学生自我管理的指导教育没有形成统一的认识及具体实施策略，监督指导多流于形式，没有发挥好保障和监督的作用。

二、目标管理应用于大学生自我管理的意义

目标是生命存在的轴心，偏离了轴心，生命便没有了意义。目标管理强调

---

① 程静. 大学生健康教育 ［M］. 重庆：重庆大学出版社，2020.

的是自我认知、自我发展。因此，同学们应该清楚地知道自己的目标是什么、怎样达到、何时达到，以及如何进行目标效果评价等。

（一）对大学生自我规划具有重要的导向作用

目前，高校的改革不断深化，教学管理逐步推行学分制，高校对学生的教育和管理呈现多元化、多渠道化趋势，学生在校期间的自主权越来越大，弹性学习年限、自主选择专业方向，为学生的个性发展与兴趣发展创造了越来越充足的条件和环境。

没有目标的人生叫流浪，有目标的人生叫航行。如何在帮助大学生挖掘个人潜能、鼓励个性发展的同时，培养学生自我规划、自主学习的意识和能力，已成为高校急需研究和解决的课题。

实施大学生目标管理，可以使大学生看清自己的使命，具有"方向感"，进而把握现在，发挥潜能，未雨绸缪，高效地学习与生活，增强自我教育、自我管理和自我发展的能力。

（二）对大学生成长成才具有极强的激励作用

目标的制定与实现是目标管理的核心。目标的确立会成为精神上的"内驱力"，能使大学生认清未来的发展前景，分清轻重缓急，增强使命感和责任感；能使大学生产生一种实现目标后的成就感，形成一种激发力量，提高自信心和个人能力；能使大学生积极自信地面对挑战，充分激发自身内在潜能，感受生命的意义和价值，排除万难，努力达成目标。

（三）有利于提高大学生自我管理的绩效

目标管理的关键在于追踪、评估与考核。大学生通过对自我管理目标完成情况的及时总结与评价，能够准确地掌握目标的进展情况、存在的问题和需要解决的问题等，这有利于聚焦目标，提高大学生的自我管理水平和管理绩效。

三、目标管理在大学生自我管理中的应用

（一）大学生自我管理目标的制定

大学生自我管理的目标实际上就是指大学生在校期间所期望达到的个人发展水平。这是大学生进行自我管理的出发点和落脚点，对大学生进行自我管理具有导向、指导、调节和控制作用，改变不好的习惯思维模式和行为模式，由"被动人"变为"主动人"。

大学生自我管理的目标，涵盖大学生活各个阶段（包括入学阶段、适应阶段、发展阶段、毕业阶段等）、各个方面（包括学习、生活、社会实践、人际关系、健康等），受到时代、校园环境、个人能力、发展机遇、家庭条件等诸多因素的影响，形成一个系统又与外界密切联系的目标体系。

1. 目标制定的依据

首先，大学生应该树立正确的世界观、人生观和价值观，它们对大学生的行为起着规范和导向作用，不同的价值观往往会产生不同的行为准则。大学生在制定自我管理的目标时应与"四有"人才的总目标相协调，自觉践行社会主义核心价值观，将个人发展与社会发展、民族复兴融合在一起，把自己培养成对国家、民族和社会有贡献的人才。

其次，应根据自身的实际情况来制定目标。正确的自我认知和自我定位是准确设定目标的前提。只有明确自己的优势与不足、兴趣与爱好、理想与现实，才能做到有所为有所不为，才能做到"知己知彼，百战百胜"。

最后，应对现有自身资源、社会、学校、专业、家庭等方面进行评估。大学生的自身资源包括先天的身体资源，家庭和社会背景资源，后天习得的知识、能力、技能和习惯等。大学生在不断提高和利用自己的优势、弥补自身不足的同时，应主动了解与适应时代发展的需求，抓住发展机遇，充分利用学校资源发展丰富自己，了解专业的发展趋势，不断拓宽专业面，努力成为复合型、创新型人才。

2．目标制定的原则

（1）时代性原则："世易时移，变法宜矣。"应与时俱进，随着时代的发展不断调整与改进自我管理的目标。

（2）个体差异性原则：确定目标一定要符合自身的实际特点，目标定位应因人而异。

（3）可行性原则：自我管理目标一定要符合社会、个体发展的需要，且具有可操作性，是可以实现的目标。否则，将降低目标的激励作用，挫伤积极性和创造力。

（4）动态协调性原则：应根据外部条件和自身发展状况的变化适当调整目标的难易、时间进度等，为目标的修正提供参考依据。

3．目标体系的构建

个体发展目标按照时间跨度可以划分为人生目标、长期目标、中期目标和短期目标。应该说，短期目标服从中期目标，中期目标服从长期目标，而长期目标服从人生目标。具体实施目标是从具体的、短期的目标开始的。

大学生在制定人生目标和长期目标时，需要多考虑一些自身因素（兴趣、爱好、特长等）、社会因素。在制定中期目标和短期目标时，可以多考虑自身因素和大学校园环境因素。

通过规划制定出个人的人生目标、长期目标、中期目标和短期目标，就形成了完整的个人目标体系、目标"金字塔"。

（1）人生目标

是人一生中的主要追求，是长期的，尽量高远，但不一定要详细精确，只要有个较明确的方向和符合大致程度要求即可。

大学生应及早理性地思考自己的未来，初步尝试性地选择未来适合自己从事的事业和生活，尽早开始培养自己综合能力和综合素质，并为实现人生目标进行长期不懈的努力。

（2）长期目标

指5～10年的目标。通常具有战略性、挑战性和动态性等特点，比较粗略、欠具体，有可能随着各种情况变化而变化。

制定适宜的长期目标才能为成功奠定良好的基础。大学生在设定长期目标时一般要考虑如下方面：符合自己的价值观；对自己的目标感兴趣；具有一定的挑战性；是自己能够实现的。

（3）中期目标

一般为 3～5 年的目标，相对于长期目标要具体一些，在整个目标体系中具有承上启下的作用，也是职业生涯能否有效实施和实现的重点。

对大学生而言，就是大学学习期间应该达到的目标，比如，毕业时找到一份满意的工作，或者进一步求学深造，或者考取多个职业资格证书，或者先择业再创业等。

（4）短期目标

通常是指每日、每周、每月、每季、每年的目标，是中长期目标的具体化、现实化和可操作化，是最清楚的目标。

短期目标设定是否合理，决定着中长期目标是否可以实现。当每一个短期目标实现时，可以使大学生明确看到自己的进步，明确自己所取得的进步是与自己努力密切分不开的，进而产生实现后续目标的强烈愿望与动机。

不知道明天做什么的人是可悲的。世界上没有懒惰的人，只有没有目标的人。没有目标，就没有动力。

只有构建一套切实可行的高效的目标体系，才可以使大学生的积极性、主动性和创造性始终保持在最佳状态，通过积极的情感体验，激励同学们向更高的目标迈进，引导同学们一步步走向成功，实现自己的人生梦想。

（二）目标实现过程中的管理

目标管理重视结果，强调自主、自治和自觉，实质上就是一个自我控制、自我管理的过程。大学生作为自我目标管理的主体，应不断提高自身素质和能力，提高执行目标的有效性，采用目标分解、实施计划、监控、调整修正计划的一套程序促使目标的完成与实现。

1. 目标分解

目标分解的方法主要有两种。

剥洋葱法：像剥洋葱一样，将大目标分解成若干个小目标，再将每个小目标分解成若干个更小的目标，一直分解下去，设定十年后的目标、五年后的目标，直到知道现在该干什么。这实际上是从时间上对目标进行分解。

多权树法：树干代表大目标，每一根树枝代表小目标，叶子代表即时的目标，也就是现在要去做的每一件事。这是从内容的角度对目标进行分解。

对于大学生自我管理目标来说，可以通过剥洋葱法制定出人生目标、长期目标、中期目标后，以大学三年或四年为限，对自己的短期目标按照多权树法进一步分解目标。

大学期间自我管理的总目标就是：大学生的成长成才。为了实现这一目标，自我管理的总目标继续分解为知识目标、能力目标和素质目标。

一是知识目标：大学阶段是人生获取知识的黄金时期，要充分利用这段时间加强知识学习，不但要拥有良好的专业知识和专业素质，完成学业，获得文凭、学位或职业资格证书。同时，必须重视方法论知识的学习，培养独立自主学习的能力；重视工具性知识的学习与掌握，如熟练使用计算机、互联网、办公软件；学习与本专业相关的跨专业学科领域的知识，不断开阔看问题的视野，构建起 π 型多元化知识结构。

二是能力目标：大学生在重视专业能力学习的同时，必须重视“职业核心能力”的培养。“职业核心能力”是在人们工作和生活中除专业岗位能力之外取得成功所必需的基本能力，是整个职业能力体系的“脊柱”，在大学阶段，应重点提升以下三种职业核心能力水平。

首先，应注重学习能力的培养。大学不是“职业训练场”，而是一个让学生学会适应社会、适应不同工作岗位的平台。在大学学习期间，学习专业知识固然重要，更重要的是要树立终身学习的理念，培养自学能力，学会独立发现问题、分析问题和解决问题，掌握自修之道，才能适应知识经济时代瞬息万变的未来世界，为进一步接受教育和获得终身发展奠定基础。

其次，应具备良好的人际沟通交往能力。一位阿拉伯哲人曾说：“一个没有交际能力的人，犹如一艘陆地上的船，永远也不会漂泊到人生大海的彼岸。”每一位大学生都应该要求自己清楚了解人际交往的社会规则，做一个自尊而又尊重人的人、一个善于沟通与人合作的人、一个受人欢迎的人、一个具有团队精神的人。和谐的人际氛围是顺利完成学业的基础，良好的人际交往与沟通能力不但有利于培育大学生健康的心理，而且是大学生未来事业成功的必备素质。

最后，应具备创新创业能力。时代呼唤创新，时代呼吁创业。大学生是实施创新驱动发展战略、推进大众创业和万众创新的生力军，不仅要学习和掌握更多扎实的知识，还要增强创业意识、创新精神和创造能力，要主动顺应时代发展要求，投身创新创业，在创业中成就事业，在创业中成长成才，为建设创新型国家提供人才智力支撑。

三是素质目标：大学生应具备良好的政治素质、道德素质、文化素质、审美素质、健康的身心素质。一般来说，劳动者能否顺利就业并取得成就，在很大程度上取决于本人的职业素质，职业素质越高的人，获得成功的机会就越多。职业素质是人才选用的第一标准，职业素质是职场制胜、事业成功的第一法宝。大学生应充分利用大学时光养成良好习惯、提高自身修养和人格魅力，提升职业素质。

2. 实现目标

（1）实施计划

一是知识获得方面：转变学习方式和学习方法，快速适应大学期间的专业学习，坚持到自习室，学会高效地预习、听课、记笔记和完成课后作业；以图书馆为伴，每周至少去一次图书馆、阅览室，每月至少读完一本书，养成多读书、读好书的习惯；加强英语和计算机的学习，每天一个小时的英语学习，或者辅修其他专业，争取考级取证等。

二是能力获得方面：在保证专业学习的情况下，多参加校内外社会实践，如参加学生社团、青年志愿者、社会调查、勤工俭学、学生会、企业实习锻炼、大学生科技创新、创业实践等活动，培养组织协调能力、团队合作能力、交往沟通能力、语言表达能力、抗挫抗压能力、创新能力以及领导能力等。

三是素质培养方面：主要通过知识的学习、良好行为习惯的养成、优秀校园文化熏陶、积极向党组织靠拢等途径进行自我修养的提升，形成较高的道德文化素质、较强的专业素质、健康的心理和强健的体魄。

（2）检查修正计划

美国成功学大师安东尼·罗宾斯曾提出一个成功的万能公式：成功＝明确目标＋详细计划＋马上行动＋检查修正＋坚持到底。从上述公式可以看出：有目标、不断修正目标，是实现人生理想的两个不可或缺的基础条件[①]。

常言道"计划赶不上变化"，目标实施的主体是大学生，大学生应定期评估与反思计划的执行情况，比如：目标设定是否合理、难度是否适宜、是否偏离中长期目标、质量效果如何、遇到什么困难与障碍……力求一步步稳扎稳打，通过不断修正阶段性目标，使目标更具有可操作性，最终促成人生终极目标的实现。评估与修正过程也是个人对自我认识、对社会认识不断加深的过程。

（3）目标成果的评价

要使目标能够发挥自身的激励作用，做好目标成果的评价工作是非常重要的。对目标进行评价总结时，应遵循实事求是的原则，坚持定量和定性分析相结合的方法，通过自评、互评、教师评的多维评价体系，给予目标成果较为客观的评价。

评价结果应以肯定激励为主、否定批评为辅，根据目标实现的不同情况给予相应的鼓励、表彰、批评和惩罚，把物质奖励和精神奖励有机结合起来，满足大学生物质精神双重需要，产生持久的、强有力的激励作用。

四、目标是奋进的源泉

"因为目标，所以专注；因为专注，所以专业；因为专业，所以成就。"明确了目标，就好像射击找到了靶子。接下来重要的是专注执行计划，脚踏实地，步步为营，天下没有比人高的山，天下没有比脚长的路，用奋斗去成就自己的梦想。

每一个人都有自己的梦想，或许少年得志，或许大器晚成，但不可否认的是，总有一天它会实现，因为追求梦想的过程本身就是心灵与成功的对话之旅。

---

① 罗宾斯. 激发无限的潜力［M］. 李成岳，译. 北京：新华出版社，2002.

只要耐心、专注，一根针、一滴水也一定能够释放出惊人的力量！

勤学如春起之苗，不见其增，日有所长；辍学如磨刀之石，不见其减，日有所损。坚持的魔力才是我们的成功之道！功到自然成！当然，成功还需要具备下面四个要素。

知识（knowledge）：专业知识是必须具备的要素。

心态（attitude）：乐观、积极、主动、进取的心态很重要。

技巧（skill）：即工作的技巧、为人处世的技巧。

习惯（habit）：要养成良好的习惯，克服不良的习惯。

第三章　情绪管理

　　情绪无好坏之分，一般只划分为积极情绪、消极情绪；由情绪引发的行为则有好坏之分、行为的后果有好坏之分。所以说，情绪管理并非消灭情绪，也没有必要消灭，而是疏导情绪、并合理化之后的信念与行为。这就是情绪管理的基本范畴。本章主题为情绪管理，共分为大学生活中的不良情绪、不良情绪的管理、健康情绪的养成、处理人际关系四部分。

第一节　大学生活中的不良情绪

　　情绪是人们对客观外界事物态度的体验及相应的行为反应，是人们的大脑对客观外界事物与主体需要之间关系的一种反映。它是以人的需要为中介的一种心理活动。外界事物符合主体需要时，就会引起积极的情绪体验；反之，就会引起消极的、否定的情绪体验。大学生处在青春期的后期，情绪体验丰富、波动较大，很容易产生不良情绪，进而降低学习效率、生活质量，乃至影响身心健康。

　　专家们普遍认为大学生情绪健康有三个基本标准：情绪的目的明确，情绪的表达恰当；情绪反应适时、适度；积极情绪多于消极情绪。情绪健康的大学生的行为表现应当是：能够保持正确的自我意识，具有一定程度的自知之明，接纳自我，包容自我；能够保持和谐的人际关系，乐于与老师和同学交往，有一定数量的朋友；能够及时正确地表达自己内心的真实感受。能够面对现实，具有对周围环境的适应能力；能够控制自己的情绪，保持稳定的心境，符合常规地表达自己的喜怒哀乐等情绪。

大学生个体的不健康情绪，也称为"劣行情绪"，是大学生在大学生活中遭遇到的一些不愉快甚至是痛苦的情绪体验，这种情绪就是我们常说的"负面情绪"。

据报道，有关部门曾在全国范围内对 12.6 万名大学生进行抽样心理健康调查，结果显示，有 20.3% 的学生存在心理问题。主要表现为焦虑、自卑、抑郁等。在高校退学的学生中，有将近一半的直接原因是心理问题，自杀和他杀现象的出现，也与不良情绪有关[①]，现将大学生群体存在的负面情绪归纳为以下七个方面。

一、焦虑

（一）定义

焦虑是人们在生活中预感到一些可怕、可能造成危险的或者需要付出代价的事物将要来临，而又感到对此无法采取有效措施加以预防和解决，而产生的紧张期待的情绪。通俗一点表达，焦虑就是当人们对一件事情情况不明，感到没有把握、无能为力，而生产的担心和紧张的情绪。其主要表现为烦躁不安、注意力不集中、失眠等。焦虑的情绪会使大学生缺乏自信、学习效率低下、注意力不集中、被莫名其妙的紧张感困扰。

（二）现状

心理健康被认为是幸福的重要组成部分，而心理健康状况不佳会致使个体生活质量下降，以焦虑形式出现的心理痛苦与健康状况密切相关。焦虑是对真实的或感知到即将面临的威胁所产生的一种情绪反应，适度的焦虑水平能够刺激个体避开潜在的威胁，有利于个体适应生存，但高水平的焦虑会成为一种情绪障碍，会严重危害个体的身心健康。

焦虑是大学生面临的常见的问题之一，研究表明，我国大学生焦虑水平的

---

① 熊璟. 大学生心理健康导论 [M]. 广州：世界图书广东出版公司，2014.

检出率呈显著上升趋势，高达 25.7%，而美国大学生焦虑的发生率更是高达
74.6%[①]。根据"成年初现理论"表明，大学生正处于社会转型和经济文化等方
面发生重大变化的环境中，知识能力成熟、情绪情感丰富强烈但不稳定、人格
逐渐成熟、意志发展迅速的青年期，从青少年晚期到 25 岁期间，生活中仍然
充满多种不确定性。从高中过渡到大学，大学生面对诸多压力，包括来自父母
的有限支持、接触新文化、结交新朋友，以及调整不同的思维方式和生活方式
这些都会加重大学生的焦虑症状，致使大学生心理健康问题明显增多，故大学
生这一群体的心理健康被认为是一个全球性急需解决的公共健康问题。

二、抑郁

（一）定义

抑郁是一种持续时间较长的低落、消沉的情绪体验，它常常会与苦闷、不
满、烦恼、忧愁等情绪交织在一起表现出来。常见的症状是情绪低落、心境悲
哀、孤僻多疑，对生活抱有强烈的无望感和无助感。大学生群体抑郁状态的产
生，多半是长期的努力学习但总是达不到理想的效果，以及失恋、人际关系不
协调等因素而形成的。大学生中，被抑郁情绪困扰的学生具有一定的比例，如
果得不到及时的化解，会对正常的学习和生活造成一定程度的负面影响，严重
的会患上抑郁症，沉浸于个人的世界里，不能自拔。有的会成为网络世界的
奴隶。

（二）现状

目前，抑郁已经逐步成为全球性公共卫生问题，其发病率呈逐年上升趋势，
且以青年学生居多。为对抑郁状态学生进行早期干预，需要研究探讨造成学生
早期抑郁的危险因素，并对测评结果异常的学生给予重点关注。在研究过程中，
通过对学生进行抑郁、焦虑早期筛查和学生基本情况调查，以及评估学生的心

---

① 阳德华. 大学生抑郁和焦虑研究［M］. 北京：科学出版社，2009.

理健康状况，可探索学生产生抑郁焦虑的影响因素，从而及时建立早期科学干预体系。

2020 年，国家卫健委办公厅印发《探索抑郁症防治特色工作方案》，要求医疗卫生机构、体检中心、高等院校等通过线上线下多种形式，开展抑郁筛查；要求各个高中及高等院校将抑郁症筛查纳入学生健康体检内容，建立学生心理健康档案，评估学生心理健康状况。

随着大学生学业压力的增加，学生健康状况日益得到社会关注，尤其是大学生心理健康。"大学生抑郁早期预警和科学干预体系研究"通过采用问卷调查和抑郁焦虑量表进行测评，不仅对在校大学生进行抑郁状态评估、抑郁早期预警，而且可分析造成大学生抑郁早期的生活事件。同时通过对实验组和对照组的研究，对有抑郁情绪及抑郁症高危人群进行早期干预，探索科学有效的干预体系，从而为大学生早期抑郁状态干预提供有利证据，改善大学生的心理健康状况。

三、冷漠

（一）定义

这是当今社会流行的一种不良情绪。在今天的社会生活中，"热心人"变得越来越少，助人为乐的社会行为变得难能可贵。尽管主流社会大力提倡互爱互助，但远远达不到社会公众的心理预期。冷漠也是大学生群体中十分常见的一种不良情绪。它的外在表现是对学习没有热情、对老师和同学冷漠淡然、对班集体的活动没有任何兴趣、就是我们常说的"连玩儿都提不起兴趣"。这是较为典型的在面对外在环境中的挫折进行自我退缩的心理反应。

（二）现状

随着网络信息交互不断深入，虚拟交往渐趋普遍化，降低了大学生面对面交往的频率，加之就业压力、道德感缺失等现实问题不断显现，大学生人际冷漠问题也逐渐凸显。

　　曾有研究人员对 8 895 名大学生开展了一项校园人际关系大调查，53%的受访者对人际温度评价为一般，而有 14.4%和 4.1%的受访者表示有点冷漠、非常冷漠。另一份调查则显示"有 16%的学生感觉自己在与同学交往时有压力，有 7%的学生感觉自己的人际关系处理得比较糟糕"①。上述两份调查均表明当下大学生存在人际冷漠问题的比例不小。近年来我国的研究表明，大学生心理问题越来越多，而其中近五成是由于人际关系紧张造成的。大学生的人际冷漠问题应引起高度重视。

　　现代大学生既接近社会，又未真正深入，而他们作为独立个体都有独特的思想、态度、个性及行为模式，因此就有不同的交往方式。从现实看，当前大学生人际冷漠主要表现在冷淡无情、自我封闭、道德迟钝、悲观厌世四个方面。冷淡无情是对人和事缺乏热情，这类学生在课程学习中能"按部就班"地出勤、完成作业等，但是对生活、学业的心理预期低，懒于参加各类校园文化活动，惯于用事不关己的心态处理事务。

　　大学生的自我封闭表现是性格内向、有严重的交往障碍、生活中独来独往，就是同一宿舍的同学也疏于交流，加之现在多数班级和校园事务均通过网络处理，一定程度减少了见面交流的机会，还有的大学生沉溺于网络游戏而将自己封闭起来，沉醉于自我的世界。

　　大学生的道德迟钝主要是由于道德感缺失或者救济恐惧，对助人为乐、扶贫救难等行为缺少热情，鲁迅当年猛烈抨击的"冷眼的看客"成为时下社会也是大学校园的"新景观"，对于危难不敢挺身而出，甚至对于同学间的寻常事务也少有帮助。还有的学生表现出严重的厌世、偏执情绪，对老师的正面引导不以为然，甚至有极端思想或行动，这类学生学习成绩较差，不修边幅成为他们的外在形象表现。

　　坚定的理想信念和高远的人生目标是一个人不断前进的内在动力，但是部分学生在进入大学后往往会停下追逐梦想的脚步。一方面，全新的校园生活让他们无所适从，交往的热情随着方向的迷茫逐渐冷却；另一方面，管理相对宽

---

　　① 杨开华. 大学生人际关系与沟通能力［M］. 成都：西南交通大学出版社. 2020.

松的学习生活方式让大学生一下子获得了自我主导的时间与空间，其自我管理、自我规划能力缺乏锻炼，人生目标退居次席，更或处于缺位状态，交往动力严重不足。只把生活目标锁定在对生活的基本需要及爱和归属的心理需要。没有了终极目标的指引，大学生的生活变得忙碌而没有方向。按照马斯洛需求层次理论，人生目标缺位的大学生的需求限于生理、安全、情感和归属层级，和尊重、自我实现等较高需求层次距离较远，冷漠情状也由此而生。

大学生的人际交往冷漠还表现在学业方面。一种表现是：一些大学生走进大学的校门，本应"海阔凭鱼跃，天高任鸟飞"，但却因为无法适应大学课程而导致无法毕业或延迟毕业；有学生因为各种原因被动选择所学专业，极不适应又缺乏与任课教师的沟通与交流，加之大学生活相对宽松，这类学生的学业成绩与专业能力越来越差。

另一种表现是：部分大学生认为一些课程与就业无关或者关系不大，于是选择不听或干脆旷课，有的甚至到课程授课结束尚不知任课教师是谁。如果是考查课程，随便提交一份作业敷衍了事。有学生就曾经谈道："这门课对就业没有什么用，我觉得是浪费时间，还不如逃课去做兼职赚生活费来得实在。"殊不知扎实的专业知识对于就业具有重要意义。久而久之，低水平的学业预期造成部分学生对专业学习十分冷漠，甚至产生抵制、拒绝情绪，毕业与就业面临巨大困境。

与中学相比，大学生活相对轻松快乐，这种轻松造成了很多学生沉迷网络不能自拔，影响了正常学习，更对人际交往造成阻碍。学生不愿意或者拒绝现实中的交往而愿意在虚拟世界里畅游：网络游戏成瘾、网络交际成瘾、网络信息成瘾。同学之间、室友之间缺少交流，却在网络世界里打得火热，有些大学生连续旷课待在寝室玩游戏，吃饭全靠外卖。有学生反映："有同学玩游戏会陷入其中，一个人活在虚拟世界里，对外部世界置若罔闻。"而网络游戏品质参差不齐，有的还有暴力倾向，沉溺其中严重影响大学生的人际交往。

另一个需要引起重视的问题是，现代社会信息交互的虚拟化也会造成大学生人际冷漠。当前，QQ、微信等网络社区成为院系、班级以及各类社团活动组织与管理的便捷载体，这也一定程度降低了组织成本、时间成本和空间成本。

可以说，高校的班级、院系等各类组织，没有不采用 QQ、微信等来处理公务的。但是，传播情境的虚拟性弱化了人际交往的真实性和自然性，图片、动态并不能完全置换传统交往所独具的环境效用。

同时，QQ 群、微信群等虚拟社区的交往往往具有公用性质，很难实现独具个性的个别交流，同学们难以在群里展开真正的感情交流，这样，传统"同窗情"遭到稀释，大家都"各忙各的"，班级同学交往仅限于事务性处理。另外，"手机控""低头党"也让大学生不再重视与身边人的交往，不仅表现在课堂上，就连吃饭甚至蹲厕所也离不开手机。这就如同一份调查所显示的，33.5%的大学生存在手机依赖。综上看来，虚拟社区、手机控让面对面交流的频率及质量均难以保证，人际冷漠也就出现了。

教师与学生之间交往减少的问题也应引起重视。部分教师只教书不育人，课堂教学与学生互动少，下课就走人，学生有问题也很难找到老师帮忙解决。这当然与教师繁重的教学、科研任务有关系，但是与时下流行的重科研考核轻教学评价的导向不无关系。师生交往少了，深厚而纯正的师生关系变得稀缺，师生在一起畅所欲言开展思想交流、学术争锋的场面也少了，这也一定程度上加剧了大学生人际冷漠的发生。

近年来，社会性道德冷漠事件不断传出，2011 年发生在广东佛山的"小悦悦"事件、2013 年的"复旦投毒案"等引发了人们关于社会道德的拷问。这样的社会风气也侵袭到高校校园，让大学生冷漠态度凸显。有学者指出，大学生道德冷漠表现在"道德勇气缺乏、道德信任感消失、道德关爱不足、道德义务不履行"四个方面。

勇气缺乏体现在大学生道德行为的底气不足，信任感消失是社会诚信问题在大学校园的蔓延，关爱不足是大学生情感冷漠的重要体现，而道德义务履行难表现了大学生对公共事务的漠视与逃避，这些都无法排除社会道德系统的局部问题对大学生道德认知的冲击。可以说，前述事件中社会公德的缺位影响了大学生弘扬美德的信心和行动，让他们变得"不愿关心"，也"不敢关心"。

道德的冷漠还会一步步异化为冷血甚至残忍，让个别大学生彻底丧失道德底线成为罪犯。

《新京报》2016 年 4 月 16 日报道,四川某高校大一学生芦某在宿舍学习时被室友滕某杀害,其手段极其残忍,而案发后表现又相当冷静,让人不寒而栗。与此事例相类似的情况是,部分大学生在面对社会交往的困难问题和矛盾时,缺乏包容理解、忍耐力差、遇到问题容易冲动、行动不顾后果。大学生的生活轨迹较为单一,相互间没有复杂的深仇大恨,室友之间鸡毛蒜皮的小事竟然可以如此大动干戈,可见包容心与忍耐力的极度缺乏,终致无视国家法律,剥夺他人生命,如此极致的冷漠实际上是走向了冷血,陷入了人际交往的绝境。

在功利主义驱使下,部分大学生彻底沦为"精致的利己主义者"。钱理群教授曾指出,实用主义、实利主义、虚无主义的教育,正在培养出一批"绝对的、精致的利己主义者"。所谓"绝对",是指一己利益成为他们言行的唯一的、绝对的直接驱动力,为他人做事,全部是一种投资;"精致"是指他们有很高的智商、很高的教养,所做的一切都合理合法、无可挑剔,他们惊人的世故、老到、老成,故意做出忠诚姿态,很懂得配合、表演,很懂得利用体制的力量来达成自己的目的。这种实用主义、实利主义、虚无主义逐渐"造就"的利己主义者,缺少了那种纯真的赤子之情。因此,较之单纯的"同袍之情",现在有些大学生在选择与他人结交时,不再追求志趣相投、脾性相合,而是基于对方的家世背景,判断是否对自己"有用"。因此,同学朋友之间的感情变得不再单纯,充斥着比较浓厚的利益气息,人际关系的"利益化""精致化",必然导致人际交往的冷漠。

悲观厌世是目前大学生心理问题的重要表现形式之一。一份来自辽宁师范大学研究生叶向阳的调查结果显示,有 27.8% 的大学生被或多或少的负面情绪困扰,大约有 4% 的学生认为生活没有意义或者有过自杀的想法,而有 1.1% 的学生总体的压力反应达到了严重程度[①]。

由此可见,当下大学生存在悲观厌世等消极心理的不在少数,有的甚至已经达到令人揪心的地步。悲观厌世心理的外在表现之一,就是自我封闭、逃避现实,造成人际交往困难。大学生悲观厌世可能源于理想差距大、人格缺陷、

---

① 沈沛汝. 大学生心理健康教育理论与实践 [M]. 北京:北京航空航天大学出版社.

家庭原因等，一些学生对自己的学校、专业等不满意，感觉与理想的大学生活差距大，难以在学业上获得自信，进而滋生自卑心理。

还有的大学生本身性格孤僻，也很少参加校园文化活动，加之大学生生活的独立性、个体化意味浓厚，多数是自处于自我世界，这样也减少了同学之间的沟通与交流。与此相反，一些性格开朗、乐于交往的学生往往具有很好的心理调节能力，也能很融洽地处理好与老师、同学的关系，在各类校园文化活动中总是能够积极参与。

来自农村贫困家庭的大学生，由于家庭经济困难、与外界接触少，使得他们惯于把自己封闭起来，形成冷漠的处事态度，背上沉重的心理负担，一步步走向孤独的境地。这类学生虽然生活在人数众多的大学校园，却与校园积极、活泼的气氛格格不入，无论是校园文化活动还是与教师的交往，均显得格外吃力，主动与被动的冷漠都让这部分大学生的人际交往通道严重受阻。

大学生因孤僻性格引发的人际冷漠还有两种情况：一是离异或单亲家庭造成性格不健全，二是从小成为留守儿童，家庭关爱缺失。在笔者所管理的班级里，人际交往方面有障碍的很大一部分属于上述两种情况。家庭是孩子的第一课堂，缺少父母的陪伴与教育、缺乏与父母有效的情感沟通，孩子的性格容易变得内向自卑或者孤僻。

同时，大学生在进入高校前一直处于高强度学习状态，往往会忽略性格问题，而步入大学以后种种人际交往问题逐渐显露，又无法调整自己的状态，还会被周围的人认作异类，之后恶性循环，越来越难以扭转这种局面。

四、易怒

愤怒是当客观事物与人的主观愿望相悖时产生的强烈的情绪反应，如容易发火、脾气暴躁等情绪状态。发火会对个体的身心产生伤害。医学的实验研究显示，人在发怒时会变得心跳加快、心律失常，严重时会发生心搏骤停，甚至猝死。发怒还会造成人的理智水平降低、思维阻塞，造成过激行为导致的物质损失和人际关系的损失；严重的会出现违法犯罪行为，造成严重的后果。在学习和生活中，有的同学，遇到一点小事便发脾气，有的是无缘无故地发脾气，让身边的人觉得完全是莫名其妙。一些违法乱纪的行为的发生，一般也是在个别同学发怒失控的情形下发生的。

五、压抑

一部分学生由于没有或者缺少表达和宣泄的渠道，不能完全表达内心的体验，因而产生压抑的情绪。

这里提到的"压抑"大致有两种。

一种是觉得气氛很压抑，内心感到压抑，是个现象代表着个体感知到了所处环境的风险，但因缺乏支持/有更严重的问题要去解决/处理可能会诱发更大风险，只能背负着这些不确定和不安前行时所体会到的内耗、疲惫、孤独、不安、渴望被支持，但又不得不选择在不舒服里继续待下去的窒息感。当这种感受不是那么强烈的时候，个体是可以忍受继续前行的。当这种感受变得非常强烈的时候，个体的忍受机制快要承受不住的时候，个体就会体验到越来越多的耗竭感、窒息感。随着情绪对自己思考空间的占据，个体的执行功能会越来越差，也会让个体的挫败感越来越强。为了不让自己的执行功能/自我形象彻底被情绪所摧毁，个体就会产生越来越多将这种感受清出去的冲动，比较常见的是离职冲动、分手冲动、离婚冲动、离家出走冲动……通常这些冲动背后充满的都是悲伤、无助、绝望、濒临崩溃的感受。通常这时，代表着个体急需要一个空间和支持系统来协助个体调整，比如有些人会选择休年假出去走走、找亲朋好友聊一聊、运动发泄一下。如果个体没有这个空间，压抑或张力继续增加，个体可能就会出现精神崩溃，甚至为了自保产生破坏行为。

另一种是心理学上的防御机制压抑，是个体为了自己的利益最大化而选择性降低负面情绪，将之压抑到不影响自己执行功能区域的行为，是心理学上争论最多的一个概念。对于绝大多数人绝大多数情况都是没有问题的，但是当个体长期生存在一个非常恶劣的环境之中，个体应对能力有限时，这种压抑会导致一种心理上的扭曲，比如出现抑郁、焦虑、述情障碍、木讷等问题，通常会伴随着较差的社会功能、生活质量，缺乏快感，甚至物质成瘾，更严重的会出现身心疾病。

六、嫉妒

（一）定义

妒忌是由于他人在某一些方面胜过自己而引起的不快甚至是痛苦的情绪体验。主要特征是把别人的优势当成自己的威胁，因而感到心理不平衡，甚至愤怒和恐惧，于是借助贬低和诽谤、报复等手段，来求得心理平衡的补偿、求得摆脱恐惧和愤怒的困扰。嫉妒，是大学生中几乎普遍存在的不良情绪，他人超越自己的一切优良表现，都会成为嫉妒情绪出现的温床。

（二）现状

大学生首要的关注点就是自己的学业成就，主要包括考试成绩的好坏、奖学金和研究生再深造机会的有无。应试教育体制下，分数、名次成了老师和家长关注的重点，成绩的优劣也就意味着一切，长期受到这种环境熏陶的孩子自然而然地就形成了强烈的竞争意识，他们极其在意自己的考试成绩，成绩的遥遥领先才会使他们拥有成就感。一旦别的同学成了班里的佼佼者，而自己却成绩平平时，就会产生心理落差，滋生嫉妒情绪。一般学业嫉妒水平高的人，个人评价就越低、越不满自我，对过去的生活感到失望，对自身的缺点感到烦恼，并且人际关系质量难以保证，从而降低了心理幸福感。

共同需要与个体差异的相互矛盾构成了产生嫉妒心理的前提条件。大学生都是年龄相仿、条件相近，在某些共同需要的问题上，由于个体存在着差异，因而容易产生嫉妒。奖学金的评比一直牵动着在校大学生的心弦，而它往往又与考试成绩直接挂钩。当看到其他同学拿到奖学金，自己却名落孙山时，这种强烈的对比使得个体极易陷入"大家都差不多，凭什么你拿奖学金，而我什么都没有"这种非理性的情绪之中。另外，研究生考试作为在校大学生实现自我飞跃的跳板，其竞争也是相当残酷的。然而现实生活中，那些明明付出很多心血的考研同学最终还是没能实现自己理想的例子比比皆是。现实的无奈使得那些考试落榜的同学不得不挤入就业大军的行列之中，当看到别的同学为自己的成功而满心欢喜时，自己就会陷入"明明比你们付出得多，却最终什么也没得到"这种情绪失控的状态。

随着我国社会主义市场经济改革步伐的逐步推进，大学校园也深受市场经济的影响，其中较为明显的表现就是大学生的消费状况存在较大差异，家庭经济条件不好的同学，常常因为背负生活的压力而对衣食无忧的同学心生嫉妒。一方面，家庭经济收入的高低直接影响大学生的消费心理。一般家庭经济条件好的同学花钱大手大脚、随心所欲，而条件差的同学只能精打细算，长期拮据的生活会使他们内心产生强烈的反差，严重的还会滋生"仇富"等不健康的心理。另一方面，家庭经济收入的高低直接造成大学生消费层次的差异。家庭富裕的同学能在满足基本的物质需求之后，还有能力去追求更高层次的精神文化需求，如外出旅游、出国留学等；而家境不好的同学往往需要通过自己的勤工俭学来承担自己的学费和生活费，必要时还有可能要补贴家用，他们的消费更多的只能满足温饱。显然，无论是物质上还是精神上，这种差距都是不可比拟的，尤其是长期生活和学习在共同的校园环境中，消费差异所引发的强烈反差，会诱发大学生的隔阂甚至嫉妒心理。

大学时期作为个体成长发展的重要阶段，不仅是价值观的塑造和形成期、专业知识的学习期，而且也是个人才干和能力重要的锻炼期和实践期，良好的人际沟通能力是个体必备的一项基本技能。当今社会就业形势异常严峻，人际交往能力强的同学，常常会凭借自己的优势脱颖而出。

受功利主义思潮的影响，部分大学生之间的交往已不再单纯，他们往往为了自身的发展而有目的地去结识特定的人群，像家庭背景好、人际关系好和社交范围广的同学，而恰恰忽视那些经济条件差、为人孤僻的同学，且在实际交往过程中即使身在陌生的群体也能很好地融入其中展现自我，这就不免会给那些人际关系紧张的同学带来压迫感，引起他们的不满。他们不甘心别人比自己优秀，且常常把比自己强的人视为自己前进路上的绊脚石。为了发泄心中的愤怒与不满，他们还会采取不正当的手段进行恶意诽谤、挖苦讽刺，这极易影响大学生的正常人际交往。

大学生嫉妒情绪作为一种常见的负性情绪，它的产生并非都是不合理的，一般性的嫉妒情绪还会对个体起调节作用，促进自我完善、自我发展。只有对那些病态性的嫉妒情绪，我们需要究其根源，对症下药。

受传统小农经济的影响，根深蒂固的平均主义思想成了嫉妒情绪产生的根源之一。过激的平均主义思想主张不论是在物质上还是在精神上，人与人之间都是平等的。大学生在这种意识的影响下，会错误地认为大家的学习、生活和人际交往都应处在同一水平上，追求一种不合实际的理想状态。

首先，同在一个班级，很多学生就会理想地认为，大家都同样地上课、同样地考试、同样地完成老师的任务，考试成绩就不应该有高低之分。另外，依据考试成绩来评比的奖学金更是不应该有三六九等，即你有我就应该也有。一旦现实满足不了其自身的理想时，就会心生嫉妒，产生不满的情绪，如"我没有，你也别想得到；我落后，你也别想逞强"，严重影响自身的身心健康。其次，同在大学校园内生活，很多大学生就会想当然地认为，大家都没有经济实力，消费层次应在同一级别上，即不存在有天壤之别的现象。然而现实的残酷、贫富差距的存在使得个体在与他人进行盲目攀比时不免会产生心理失衡，嫉妒的小火苗也会随之燃起，严重的还会导致"仇富"心理的出现。再次，同在一个发展阶段，大学生们在错误思想的支配下就会形成歪曲的思想观念，理想化地认为大家同处一个层次，交往能力应在同一水平上，即"你能做到的，我也一样能办到；你能想到的，我照样可以顾及到"。这种渴望平均的思想一旦遭受现实的打击，就会有嫉妒情绪的产生，对能力强的同学进行讽刺挖苦，严重的甚至进行人身攻击。

极端个人主义思想支配下的个体强调以自我为中心，过分地夸大了个体与他人之间的对立，具体表现为：将自我发展目标凌驾于他人发展目标之上，将他人发展目标视为实现自己人生目标的障碍，将个人无限的自由视为至高无上的理想和追求。

一者，嫉妒具有排他性，即"你的成功便是我的失败"，个体往往难以接受别人优于自己。当代大学生大都是独生子女，自我优越感强，他们渴望摆脱一切"束缚"，为所欲为，现实生活中更是以自我为中心，容不下他人的发展与进步。他们通常以别人的失败和自己的成功来证明自己有着高于他人的价值，失去了对他人的理解和支持。一旦现实超出了自己的预想，就会产生不安与惶恐，严重的甚至会出现情绪失控的现象。二者，嫉妒具有破坏性，即"我得不到的，你也别想得到"，表现为一种强烈的占有欲。人们都有对美好事物的向往和追求的愿望，当个体的欲望得到满足时，人们就会感到幸福；当这种欲望未满足时则会失望痛苦，尤其是双方拥有了相同的志向或者目标，一方最终获得了成就，这种唯我独尊的危险情绪就有可能恶性膨胀，这与尊重其他同学就形成了冲突，产生了所谓的嫉妒心理。严重的还会对他人造成威胁、构成破坏，如四处散布谣言、恶意诋毁别人等。当代大学生生活在经济社会大环境中，生理、心理未成熟的他们难免会受到不良思想的影响，常常心理脆弱，耐挫能力不足，对外界的刺激反应迅速敏感，情绪表达比起成年人更为直接和外露，喜、怒、哀、乐常形于色，一般不顾及别人的感受，过分张扬，反对一切的限制和约束。

七、孤独

（一）定义

孤独感是大学生出现心理和行为问题的主要根源之一。孤独感是个体知觉到对社会交往的渴望与实际水平存在差异，或无法建立与重要他人的关系纽带时体验到的消极情感。

（二）现状

相当一部分同学的自卑感来源于对自己的评价过低，自卑感的存在影响了学习的进步和同学之间的交往，有意无意地将自己变成孤家寡人。自卑感是由于某种原因，产生的对自我认识的一种消极的情绪体验。表现为对自己的能力和品质评价过低，怀疑自己，看不起自己，担心失去他人尊重的心理状态。大学生自卑感的表现是害怕失败、遇事退缩、自我封闭等行为。也有的表现为不承认自己的不足并极力加以掩饰，力图用夸张自己行为的故作炫耀和自负表象，让他人察觉不到自己的自卑。

普遍存在的不良情绪对大学生群体的健康成长的负面影响是显而易见的。不仅影响他们的生理健康，也影响他们的心理健康，造成生理和心理的双重损害。只有设法疏导负面情绪，培养积极的情绪，才能提高大学生活的幸福指数。

第二节　不良情绪的管理

情绪是人们对客观外界事物态度的体验，是人们的大脑对客观外界事物与主体需要之间关系的一种反映。外界事物符合主体需要时，就会引起积极的情绪体验；反之，就会引起消极的情绪体验。人们经常从四个维度对情绪进行观察。一是紧张度。因为情绪可以在广阔的紧张度范围内呈现出来，弱到不易察觉，强到狂喜（昏厥）。从紧张度的视角，根据情绪产生的原因，可以把情绪划分为四类：第一类是一个人达到了所追求的目的的情绪体验。第二类是由目的受阻或是经受不了不合理的挫折出现的情绪体验。第三类是在失掉所追求的东西或喜爱的目标时产生的情绪体验。第四类是想摆脱某种危险情景又苦于无能为力时的情绪体验。根据情绪的强度和持续时间，也可以将情绪分为三种类型：第一类是心境。是比较微弱、平静、持久的情绪体验状态（顺心、烦闷、自卑、喜悦等）。第二类是激情。是一种强烈的、爆发式的、持续时间较短的情绪状态，具有明显的生理反应和外部行为表现，往往是由重大的或突如其来的事件或激烈的意向冲突引起的。第三类是应激：是在出现意外事件和遇到危险的情况下出现的高度紧张的情绪状态。二是行为的推动力。因为情绪不单是人的活动背景，而且对人的行为具有某种推动作用，如绝望者可能自杀。三是快乐性维度。快乐或不快乐的程度也可以用来研究情绪。四是复杂度。有些情绪是简单的，而有些是极其复杂的，如爱情、爱国主义等。

心理学界对情绪成熟标准的看法是：持久的情绪基调；对别人情绪的态度；对于爱情的接受能力；保持舒畅、快乐的能力和表示敌意的能力；对于自己的情绪的态度。

对于情绪管理的研究，许多人饶有兴趣。有人认为，情绪管理是适应社会现实的活动过程。有人认为，情绪管理是一种服务于个人目的，有利于自身生存与发展的活动。也有人认为，情绪管理就是指一个人对自己情绪的自我认识、自我控制、自我区分等能力和对他人情绪认识并进行适度反应的能力。人们普遍接受的观点是，情绪管理是个体有意识地觉察、表达、控制自我情绪的行为，从而达到个体身心适应良好的状态。

一、"愤怒"的化解

愤怒是一种不良的心理状态，人在发怒的时候，会排斥一切智慧和理性，产生十分愚蠢的过激行为，释放具有极端破坏性的负面能量，造成难以弥补的损失。在损害自身健康的同时，也会对他人造成精神或物质伤害。愤怒是大学生常见的不良情绪之一，每一个同学都有想发怒的时候，应当学会理性地对待愤怒，化解发怒。

（一）改变理想化的认知方式

研究表明"理想化"的认知方式，是产生愤怒的根源之一。生活在大学校园里的同学们，如果不想被愤怒的情绪困扰，就应该改变理想化的认知方式，多一点面对现实的理性思考和科学观察。在我们生活的社会，富裕与贫困共处，文明与野蛮同行。无论是对世界的审视，还是对社会的观察，包括对自己身边的人和事，都应该具有辩证的思维和进行科学的审视，不宜一味地理想化认知。

（二）设法控制愤怒

愤怒的冲动是人们在受到外界的强烈刺激后，言语和行为出现非理智化的一种心理状态。在学习和生活中，产生愤怒的情绪是正常的。据美国研究应激反应的学者的研究：人们80%的愤怒是自己造成的，也必须靠自己加以控制，因为它是后天的反应[①]。为了控制自己的愤怒情绪，避免失控，人们发明了许多方法。林则徐在自己的房间里挂上写有"制怒"二字的条幅，随时提醒自己，当愤怒的情绪在大脑中翻腾时，保持清醒的理性占据主导。面对极个别同学的

---

① 冠成. 用机智代替愤怒［M］. 哈尔滨：哈尔滨出版社.

蛮横和多次无理的挑衅，面对个别老师无理的指责和大庭广众之下令人难以忍受的挖苦和讽刺，肯定会怒火中烧，难以控制自己的情绪。但是，应当努力克制自己的愤怒，做到"定心""定气"，还可以通过运动等方式，进行必要的情绪疏导，避免愤怒的情绪变成发怒的现实。

（三）研究一下自己的"怒气"

对自己的愤怒进行研究是非常必要的。有的同学经常发怒，是由于自身性格的原因；有的是因为身体上的原因，甚至是某种疾病，致使发怒的情绪很难控制。建议经常发怒的同学，记录自己每一次发怒的时间、地点、起因、事件的全过程，在自己冷静下来以后进行分析。在对记录的资料进行分析之后，肯定可以找出规律性。在探明自己发怒的原因之后，便可以有意识地进行调整，疏导自己的怒气。

二、"焦虑"的排遣

焦虑是指内心感受压力、冲突与矛盾而紧张，致使心情不能放松、不能平衡的一种非健康心理状态。外在表现为压抑、烦躁、不满、易怒、冲动、非理性等情绪。

据专家们的调查：我国大学生中有 10%～40%的同学存在着不同程度的心理不适，其中焦虑情绪是发生率较高的[①]。虽然社会的全面进步让社会成员的幸福感越来越高，但对于大学生群体而言，由于社会竞争的加剧，特别是就业等方面压力的增大，加之一些同学个人的原因，患焦虑疾病的人数有所增加。尽管适度的焦虑对大学生的学习和生活具有一定的积极意义，但持续严重的焦虑却会导致机体免疫机能降低、内分泌调节紊乱，从而损害健康。被焦虑所困的大学生，轻者抑郁自闭、社会交际能力差，重者容易轻生。这应当引起我们的关注。

学习性焦虑和社交性焦虑是大学生焦虑的两个主要方面，其中又以社交性

---

① 李广智. 焦虑障碍第 3 版［M］. 北京：中国医药科技出版社.

焦虑最为突出。社交性焦虑的排遣，应当从日常的社交行为开始。

（一）不要经常发出抱怨之声

心理学家的实验证明：喜欢抱怨的人，情绪总是处在焦虑之中。在学习和生活中，没有一点抱怨的情绪产生是不可能的。聪明的同学能够运用自己的理性加以适当的调节，运用积极的情绪加以化解，不让抱怨的情绪成为主导。

（二）对同学和老师要有基本的信任

研究发现，经常怀疑别人行为和态度背后动机的人，容易产生焦虑的情绪。只有对同学和老师具有基本的信任，才能消除人际关系的疑虑，使自己的情绪处于正常状态。

（三）不要企图取悦所有的人

企图取悦所有的人，是产生焦虑情绪的重要原因之一。生活的经验告诉我们，即使是具有高超社交能力的人，也不可能让所有的人都对他感兴趣。取悦所有人的企图是幼稚的，也是徒劳的，是跟自己过不去。比如本来对某个老师的人品和学问心存疑惑，却偏偏要装出五体投地的神情，即便是具有极佳表演才能的人，也要承担极大的心理痛苦。在取悦他人的过程中，往往要将痛苦留给自己。一个人被另一个人或者一群人反感，乃至讨厌，都是正常的现象。完全没有必要过于在意，只要自己不讨厌自己，就足够了。"我没有必要取悦所有的人，就像所有的人没有必要取悦我一样"完全可以作为与人相处的原则。

（四）对人对事要有自己的主见

对常感焦虑的同学进行观察，发现他们往往对人对事缺乏主见。常见的情况是，他们往往觉得他人的观点都有一定的道理，就是没有属于自己的意见。由于缺乏主见，他们显得十分善于"学习"与"模仿"，被他人的观点和行为所牵引。

（五）不要当生活的旁观者

现代的理论认为，每一个团体中都有四种人：第一种是领导者。在团体中发挥引领和导向作用。第二种是支持者。是团体事业发展的骨干力量。第三种是反对者。在团体的事业进展中，发挥负面的影响和作用。第四种是旁观者。在团体的各项事业中，不发挥任何作用。有意无意地将自己从群体中游离出来的旁观者，以"看客"的眼光，看待自己的团体，拒绝参加集体活动，带给自己的往往并不是快乐的体验，而是被冷落的"不爽"[①]。

三、"孤独"的分解

孤独是一种与大量不幸认知、社交能力不足、人际关系不和谐以及由此产生的不满和焦虑有关的情绪状态。我国学者朱智贤对孤独的定义是：人处在某种陌生、封闭或特殊的环境中产生的一种孤单、寂寞、不愉快的情感。孤独是普遍存在的情绪体验，已成为现代人的通病。

（一）大学生孤独感的现状

研究表明，孤独感在当代大学生中普遍存在。经常或偶尔感到孤独的比例高达 83.9%。

国外心理学家的研究成果表明，健康的人格具有六大特点，其中第一个特点就是具有自我延伸的能力。健康人格能使人具有十分广阔的活动空间，有许多朋友和爱好，并且在政治、社会或宗教方面也颇为积极。孤独者则恰恰相反，他们均不愿意参加交际活动，朋友也很少，并且爱好不广泛。孤独者对他人来说，不具有人际的吸引力。因为人们往往愿意与那些真诚、友善、富有同情心的人交朋友。调查显示：在校大学生受人际关系轻度困扰者占 38.51%，严重人际关系困扰者占 15.06%。调查发现，25.4%的学生经常感到寂寞和孤独，13.6%的人与同宿舍的同学的关系处理不好。40.5%的学生认为，最好与同学之间保

---

① 朱智贤. 朱智贤心理学文选理论心理学、发展心理学、心理小品集 [M]. 北京：人民教育出版社.

持一定的距离①。孤独感产生的原因是非常复杂的。学者们将之大致归为五类：早期依恋方式、人格因素、个体消极的认知和应对、社交技巧的缺乏、社会性忽视。有的学者认为，人格特质、应对方式、社会支持、自我评价、归因方式等对孤独感的产生也有影响。大学生由于个性的差异，孤独感的外在表现不同，产生的原因也不尽相同，诸如不健康的人格状态、不正确的自我指向、不合理的自我评价、错误的归因方式等因素，都有可能对孤独感的形成产生影响。尽管一定程度的孤独具有一定的积极意义，但超越这种程度的孤独感便会诱发心理疾病，影响大学生个体的发展。大学生应当学会积极应对，摆脱孤独。

（二）大学生孤独感的分解

学校应当为学生营造良好的学习环境，为学生提供有力的社会支持，因为大学生学习和生活的环境是学校，在孤独的应对方面，学校具有重要的影响。应当构建和谐的校园人际环境，营造积极向上的宿舍文化。家长应当充分考虑子女的心理发展特点，营造和谐、民主的家庭氛围，平等地与子女进行交流，倾听他们的想法，理解他们的想法，做子女坚强的心理后盾。大学生个体应当加强人际交往，建立和完善、和谐的社会支持系统，融入大学生活，与同学和老师建立起和谐的人际关系，减少诱发孤独的外部条件。

1. "自我表露"的概念

自我表露的概念是由国外人本主义心理学家于 1958 年首先提出的。当时的学术界认为，自我表露就是个体让他人了解到自己的真实感受和想法。后来的学者重新界定了这一概念，认为自我表露是指个体表达和展现自我，以使他人能够认识自己的行为。

我国学者将自我表露的定义表述为：个体自愿地将自己的真实想法、情感、经历等信息以言语的形式传达给他人的行为。由此定义可以看出，自我表露具有三个方面的特点：自愿性、真实性、私密性。在社会传播方式日益现代化的今天，自我表露的方式已经变得复杂和多样，包括电话、短信、QQ、微信等方式。

---

① 郭丹. 新时代大学生积极社会心态培育研究 [M]. 长春：吉林大学出版社.

自我表露对个体具有重要的价值。它有利于加深个体对自我的了解，有利于个体的身体健康。弗洛伊德早就发现，当人们努力回避了解自己时，他们就会生病。因为人们通过向别人表露自我而逐渐了解自己后，才能变得健康或保持健康的状态，不良的情绪也同时得到了宣泄。自我表露也有利于个体的心理健康，研究表明，它与心理健康呈正相关，是健康人格的重要标志，也是形成健康人格的重要途径。自我表露可以明显减少焦虑、孤独、抑郁等负面情绪。自我表露还是体现和衡量人与人之间亲密关系的重要指标。研究表明，个体的自我表露水平对特定的人际关系，如友谊、爱情等都具有显著的影响。大学生个体对父母表露的关于学习、生活、交友方面的情况越多，表明与父母的关系越亲密、融洽。与朋友的表露程度越高，说明其友谊越深。自我表露与爱情关系的质量同样具有积极的联系，与爱情的满意度紧密相连。

互惠性是表露的重要特征。自我表露在人际交往中的作用，主要是通过互惠性实现的。自我表露的互惠性特征的具体表现是，一方愿意敞开心扉，进行深层次的自我表露时，另一方也有可能进行坦荡直言的表露。如果一方是"逢人只说三分话，未可全抛一片心"，那么，对方也一定是浅层次的表露。自我表露在发展、保持和深化人际关系方面具有重要作用。学会自我表露，是解除孤独情绪困扰的有效途径。

2. 以"自我表露"理论为指导，摆脱孤独感的困扰

具体的做法是：每天早上起床时，向离自己最近的同学打个招呼，说一句："早上好！"这是行动的第一步。排队就餐时回过头来与后面的同学聊聊天，只需两三句。这是第二步。有同学主动向你讲述快乐与不快乐的事，请抱以关注的目光，认真倾听，适当的时候随声附和几句。这样你就在分享他的痛苦与快乐，就走出了摆脱孤独的第三步。在此基础上，通过深层次的自我表露，交到一两个好朋友，进一步融入大学的群体生活。

大学生群体是生活在大学校园里的重要群体，这个群体与教师群体共同构成大学的人际环境。每位同学都在大学生群体中生活，并且通过与老师和同学的交往认识自我、发现自我、提高自身的能力。大学的群体生活，为培养同学们的社会交往能力提供了条件。在大学生活的正式群体中，班级群体是最基本、

最重要的群体。在班级中，同学们通过面对面地交换意见，以及组织一些小型的活动和共同完成某些任务等方式，增进同学之间的友谊，强化个体的自信心。由于有了班级的支持，有了同学做自己的后盾，个人的信心便增强了，心理力量也增强了。班集体的生活，还可以使同学们获得安全感和归属感。本班级同学之间通过经常性的联系，加深了互相之间的了解和友谊，就从某种意义上或减弱了个人容易萌生的孤独感和空虚感，使个体从群体中获得被爱护和关心的心理需求的满足，心理上的安全感也油然而生了。班集体的生活，还可以促进大学生的社会化。因为班集体为每个学生都提供了社会化的机会，既激发了同学的社会责任感，又培养了工作能力，还使学生学到了为人处世的一些方法以及如何弥补自己的不足。大学的班集体，最终带给每一位同学的是独特而成熟的个性，使之成为具有适应社会基本能力的合格的社会成员。除了正式群体之外，大学校园还有一些非正式群体。正式群体和非正式群体的活动都有助于孤独者重塑自我。

树立远大的学习和生活目标，并且将自己的目标在一定范围内公布，也是远离孤独感的有效方法。人的行为乃至全部人生活动，从根本上说是受世界观、人生观的制约和调节的。同学们有了正确的人生观和科学的人生追求，对生活的理解和对人生的看法比较正确，对人生有执着的追求，那么在日常的大学生活中就会显得有热情、有激情，显示出奋发向上的精神，就会有做不完的事，就不会有孤独感。如果对人生的看法不正确、不科学，缺乏生活的信心和远大目标，那就会显得目光短浅，甚至是鼠目寸光，就容易沉湎于个人眼前的一些不顺心的小事，精神萎靡，形成孤独或者喜怒无常的个性，不仅很难实现自我的完善，而且也不会在群体中找到自己应有的位置。许多专家都注意到，目前的大学生群体中有一部分"孤独者"。他们有意无意地将自己游离于群体之外，排斥群体，脱离群体，以"孤独者"的身份靠自己的力量发展。他们中的一些人奉行"人们的历史始终是他们个体的历史"的人生信条，崇尚"每个人的自由发展是一切人的自由发展的条件"的观点，没有认识到群体生活对个体成长的重要性和不可缺少性，把群体视为个体成长的对立面。这种不正确的人生观有可能是造成部分同学成为孤独者的根本原因。

四、"嫉妒"的克服

嫉妒是一种恶劣的情绪。嫉妒心理是一种常见的心理现象。研究显示，几乎每个人身上或多或少都有一些嫉妒心理存在。从某种意义上说，嫉妒心理是上进心的变态反应。没有嫉妒心理的人，也很难有上进心和进取精神。但嫉妒心理必须控制在一定范围，不能任它泛滥。如果任它发酵，就会演化成一种比仇恨还恶劣的情绪，严重影响自身的学习、生活和健康。年轻人可以有自尊心和上进心，但千万不要有嫉妒心，更不可形成嫉妒别人的心理习惯，应当学会在日常的生活中分享他人的成功和快乐。嫉妒心是形成良好人际关系的大敌。嫉妒心强的人，往往虚荣心也很强，很难容忍别人超过自己，他们在日常的生活和工作中，总对自己近距离的同事、领导或同学心怀不满，有时甚至不择手段地败坏他们的声誉、诋毁他人的成就，甚至是损害他人的人格，为他人继续发展设置种种障碍。其最终的结果是，人际关系极度恶化，不仅严重阻碍了自身的进步，也干扰了他人的正常发展。嫉妒的产生，在很大程度上，来源于个体自身对信心和能力的担忧。具有强烈的自信心和较强能力的人，一般不会担心别人超过自己，因而也不嫉妒他人的成功，还会对同学和同事的成就感到敬佩和高兴，发出由衷的赞叹和祝福。对自身的能力和水平没有信心的人，因为担心别人的成就会使自己变得渺小，而自己又不具备同他人竞争的条件，因而只有"嫉而妒之"。克服和限制嫉妒心理，可以从以下两个方面着手。

（一）占领心理的高地

养成优秀的习惯，以优秀者和胜利者的心态看待人和事，即使自己的学习和生活方面的状态并不令人自豪。大学四年，应当看重自身的学习能力和做人修养的提升，不要过多追求考试成绩的排名和奖学金的多少。在学校里所取得的成功业绩，与走向社会以后的发展和成功没有多少必然的联系。据笔者长期的跟踪观察，走向社会以后，在事业上迅速发展的学生，往往不是大学时代的学习成绩优秀的学生。许多在大学时代风头出尽的"学习标兵"、各种奖学金获得者，在工作岗位上，很长时间找不到感觉，有的十多年以后，仍处在徘徊和彷徨中。在大学时代默默无闻，甚至是调皮捣蛋的"坏学生"，有的倒是如鱼得水，进步之快让老师难以置信。这一现象是真实的，也是有趣的，更是值得我们深思的。给同学们的启示是：人生真正的精彩，不只在大学校园，更在走出校门之后。一位同学在大学里，不受老师喜爱。他留给同学和老师印象最深的事情有两件：第一件是他是全班最早谈恋爱的同学，曾被辅导员多次谈话，但仍然我行我素。第二件是因为在寝室打麻将旷课，被系里的副书记发现，受到公开批评。在毕业十年返校聚会的时候，他是班上为数不多的几名副县级干部之一。

（二）增进与同学的了解

心理专家的研究表明：具有嫉妒心的同学，往往过于看重他人的优点，而忽视自己的优点。他们往往有意无意地放大了他人在某些方面的长处，而缩小了自己在某些方面的长处。以自己的缺点去与其他人的优点相比，当然觉得心里酸溜溜的。与同学的相处中，我们发现，有些同学的嫉妒心理，完全是由于误会造成的。在他妒忌一位同学某些方面的长处的时候，他所妒忌的对象也正在妒忌他。这是一种非常有趣的现象。如果两个人能够互相沟通，甚至敞开心扉，完全有可能成为一对非常要好的朋友，在学习和生活中互相促进、共同进步。学者们曾经做过一个实验：让一个小组的 12 位同学，一个月开展一次"说一说其他 11 位同学优点"的活动。每一位同学各自发表赞美其他同学优点的讲话，其他的同学进行补充和评判。一个学期以后，每一个同学的优点，都得到了群体的赞同。这个小组的同学，由于彼此之间非常了解，关系非常融洽，彼此没有妒忌和猜疑，交往频繁，共同生活得非常愉快[①]。

五、自我情绪管理的方法

（一）心理暗示法

心理暗示对人的情绪具有很大的影响，有时候能够影响到人的认识能力和

---

① 陈爱芬. 与负面心态握手言和［M］. 北京：中国妇女出版社，2021.

判断能力。心理暗示包括积极的心理暗示和消极的心理暗示两种类型。积极的心理暗示带来的是正面的积极的情绪。消极的心理暗示带来的是负面的消极情绪。应当学会积极的心理暗示，避免消极的心理暗示。对于常常遭受不良情绪困扰的人们来说，应当更加注重积极的心理暗示，培养乐观自信的积极情绪。

国外的一些心理学专家建议人们，每天早上一睁眼，就默念三句话："我很幸福！我很健康！我能成功！"这就是典型的心理暗示法。自己在一天刚开始的时候，就为自己发出了三条重要的信息，使自己的情绪处于健康、幸福、成功的状态，以积极的情绪，迎接一天的学习、工作和生活。在我国古代，人们常将对人的情绪有调节作用的经典语言，写成对联或者条幅，挂在自己的书房里，营造积极的情绪场域。"宠辱不惊"，提醒自己不要因为受到重用而沾沾自喜，也不要因为官场失意而郁郁寡欢，以理性的认知对待仕途的沉浮。"淡泊名利"，提示人们，不要太多计较品级的高低、薪水的多少，名利乃身外之物，应当看淡一点。"不以物喜，不以己悲"，是人间正道，"人为财死，鸟为食亡"乃世间悲剧。

（二）注意转移法

注意转移法，就是把注意力从消极的情绪领域转移到积极的情绪领域。这是消除不良情绪的基本方法之一。当不良情绪长期困扰，久久不能摆脱时，可以通过目标的转移，寻找到一个新的刺激点和兴奋点，以抵消和冲淡原来的兴奋点，消除原来的不良感受。可以尝试着参加一些活动，诸如周末名师的学术讲座、班级之间的歌唱比赛、年级之间的拔河等。慢跑到几公里以外的郊区，呼吸一下新鲜空气，会觉得心旷神怡，忧愁与烦恼，被忘得一干二净。

（三）合理情绪疗法

合理宣泄法称为认知疗法。心理学家艾利斯认为，人的情绪和行为障碍不是由某一激发事件引起的，而是由于经受这一事件的个体对它不正确的评价和认知引起的信念，最后在特定情境下的情绪和行为结果。艾利斯告诫人们，要认识自己常有的不良情绪，并且善于发现自己这些不良的认知方式。培养一种好的自省习惯，不良情绪就会有所减少。同学们应当认识到，不良情绪不是来源于外界，而是由于自己的非理性信念。不良情绪之所以得不到缓解，是因为仍然保持过去非理性的信念。只有改变自己的非理性的信念，才有可能消除不良情绪的困扰。

（四）适度宣泄法

长期阻塞的情绪如果得不到疏通是会造成情感崩溃的。不良情绪必须及时释放出来，减少淤积和沉淀。常见的发泄方法有"哭、笑、喊、说、听、写、动"等。找个没人的地方大哭一场，让泪水冲洗掉内心的伤痛。大笑三声，用笑声送走失败，增强继续努力的信心。找个歌厅，放开喉咙，高歌一曲，用一段高昂嘹亮的大喊，开阔心胸，排解烦闷。有些同学在心情不佳时，在洗澡间里，一边洗澡，一边大喊大叫。这样做，在不影响其他同学学习和休息的前提下，不失为一种好办法。一些同学戏称他们为"洗澡歌星"。"歌星"们则告诉同学："你们不妨也来上两句，很是痛快！"在寒冷的冬季，一边洗冷澡，一边高歌。既强健了体魄，又增强了意志，不受恶劣情绪的干扰。这种方法具有推广意义。运动场上的狂奔，带来的不仅是身体上的大汗淋漓，也是情绪上的恣意渲泄。在情绪不佳时，找人聊聊天，也是很好办法，直抒胸臆地说出来，一吐为快。说完之后，会觉得轻松了许多。

需要提醒的是，一个正在接受高等教育的人，在受到不良情绪困扰的时候，应采取文明和科学的方法加以疏导和化解，不能陷入原始的野蛮和愚昧的暴力。

第三节　健康情绪的养成

健康的情绪的拥有，既有先天的因素的促成，也有后天的养成。无论先天的因素如何，后天的养成都是必不可少的。

一、积极心态的培养

心态作为人的内心世界，主要由三个组成部分：态度、激情和信念。态度是心态的基础，特定对象的情感判断和价值取向，是人们比较稳定的一套思想方法、目的和主张。它一旦形成就很不容易改变。态度、知识、技巧是影响人们行为活动的三个重要因素。其中态度扮演着带动的角色，是决定人生成败的主要因素之一。一个人如果持有积极的态度，勇于进行积极的自我挑战和自我超越，便有可能成为卓越高效的人才。激情是态度处于爆发状态的表现。激情是生命的动力，人的行动就是靠激情推动的。没有激情的人，就会滋生惰性。有的学者甚至认为，激情是成功者共有的心理特征。信念是心态的最高层次，激情一旦升华为信念，短暂的激情就会转化为持久的理性行为。著名哲学家黑格尔说过：理性和激情交织成世界历史的经纬线。激情进入了信念的境界，"情"就上升到了"理"的高度。信念本身具有很强的理性成分，人们有了信念才会有大无畏的献身精神和执行行为。

积极的心态是成功学大师拿破仑·希尔提出的概念。简而言之，正确的心态，就是由"正面"特征组成的心态，其中包括信心、诚实、希望、乐观、勇气、进取、慷慨、容忍、机智、诚恳等。

国外学者通过对 500 名伟大的成功者的观察与研究，发现了一个秘密："每一个人的心灵都有一个法宝，它像硬币一样具有两面性，正面写着积极心态，反面写着消极心态。这个法宝的力量令人吃惊。积极心态让人积极进取，创造成功；消极心态却让人绝望，永远没有改变命运的机会。"他的结论是："成功人士的首要标志，在于他的心态。"①积极的心态可以引导人们品尝成功的喜悦，而消极的心态会摧毁人们的信心和希望。大学生个体积极心态的获得，应当从以下三方面着手。

（一）培育自信心

自信心是积极心态的基础。自信是相信自己有能力实现一定愿望的心理状态。自信是人们成功的内在心理要素之一。正如著名科学家爱因斯坦所言："在我的一生中，只是由于一种信心，才能在我研究遭遇重大困难时，没有感到灰

---

① 陈玉明，袁方，杨勇. 寻求自我成功的心态［M］. 延吉：延边大学出版社，2001.

心。"屠格涅夫在阐述自信的重要性时说:"先相信自己,别人才能相信你。"①

自信心来源于切实可行的人生目标:大学生个体应当有符合自己实际的学习和生活目标体系,并且有实现目标的详细计划和具体措施,以增强大学生活的目的性、计划性以及针对性。列夫·托尔斯泰不仅是文坛巨匠,还是善于对自己进行目标管理的专家。在他的目标体系中,既有一辈子的大目标,也有一段时间的分目标和一个阶段的具体目标,还有一年的目标、一个月的目标、一个星期的目标、一天的目标,甚至包括一小时的目标、一分钟的目标。详细的人生目标,使列夫·托尔斯泰一生始终充满信心地写作。可以失败,但不可以失去信心。许多杰出的人物都是从失败中成长起来的。优秀的大学生也会经历形形色色失败的考验。人们可以失败,但不应当由于失败而影响已经树立起来的信心。应当从失败中悟出成功的道理,充满信心地走向成功。

(二)培育进取心

进取心这种内心的推动力量,是人们生命中最神奇和最有趣的元素。进取心是一种成功者的积极心态。

美国成功学人士认为,进取心是一种极为难得的美德,它能驱使人们在不被吩咐应该做什么之前,就能主动地去做应该做的事情。在研究了美国最为成功的 500 个人的案例之后,学者们发现,他们具有的共同元素是:"进取心。"②大学的管理者们,为同学们设计了许许多多的竞争舞台,目的就是激励和顺应同学们的上进心和进取心,应当积极参与这些竞争活动,在竞争中不断地实现自我的超越,形成"坚持到底,永不放弃"的性格和"胜不骄、败不馁"的心态。现代科学的研究表明,一个人独自工作的效率,远不如旁边还有一些人一起干的效率高。这种现象被心理学家们称为"社会促进作用"。生活的经验也告诉我们,与他人竞争是提高生活积极性的主要手段。如果有意识地躲避大学校园的各种竞争,那就在一定程度上失去了上大学的意义。

---

① 屠格涅夫. 屠格涅夫回忆录 [M]. 蒋路,译. 北京:人民文学出版社,1962.
② 刘伟. 心灵风暴心理成功学 [M]. 长春:吉林摄影出版社,2002.

（三）培育平常心

保持一颗平常心，可以获得良好的自我感觉，有助积极心态的持续发酵。对发生的不愉快，立即忘却。哪怕是由于自己引发的不快，也迅速抛到九霄云外去。反复咀嚼自己的"成功"。建议同学们建一个文件夹，将自己以往所取得的辉煌成绩，进行归纳和整理，经常回顾，还可以经常找一些欣赏自己的同学和老师聊天，聆听他们的鼓励和赞许。

二、保持快乐的感觉

美国哈佛大学的心理学家在研究"快乐与犯罪行为的相互关系"时，得出的结论是："快乐的人永不邪恶。"调查显示，当代大学生群体的大多数人，在绝大多数时间段，都拥有快乐的感觉。但也有一部分同学的快乐指数相对较低。一些来自贫困地区和贫困家庭的学生，由于经济上的拮据，使他们的心理承受巨大的压力。一些学习基础比较差的学生，面对林林总总的过级考试以及各种奖项的成绩要求，他们不可能不具有一定的心理压力。对就业的焦虑普遍存在。应该以积极的态度面对大学生活，充满希望地放眼未来，主动为自己减压，成为轻松快乐的人。

（一）助人为乐

研究和实验都表明：自私的人，不大容易获得快乐。因为自私心理往往带来沉重的思想负担，更因为他们做出无私帮助他人的举动，因而不可能在帮助他人的过程中得到愉快的体验。与此相反的是，不自私则是走向快乐的大门。常言道："赠人玫瑰，手留余香。"这是许多人在帮助别人时得到了快乐的体验之后的感受。相当一部分人赞同"助人是获得快乐的最好方法"的观点。中华民族历来推崇"助人为乐"的美德，并作为优秀伦理传统加以倡导，代表中华民族未来的大学生，应当将这一美好传统在自己身上得到延续。

（二）知足常乐

激励原理认为，任何成功都来源于正确的目标引导。只有目标的存在，才能聚焦人的智慧和精神，进行坚持不懈的努力和奋斗；才有可能形成聚合力、约束力、意志力和激情，进行不断的创造和自我超越。美国哈佛大学曾经对一届大学毕业生的目标设定状况做过调查，结果是：有 27% 的学生没有目标，60% 的人目标模糊，只有 3% 的人有长远的目标。25 年以后的跟踪调查结果显示：3% 的人 25 年间朝着一个方向不懈努力，几乎都成了社会各界的成功人士；10% 的人短期目标不断地得以实现，成为各个领域的专业人才，大多生活在社会的中上层；剩下 87% 没有生活目标的人，只关心眼前的一点利益，过得很不如意，整天怨天尤人[①]。目标对人们来说的确意义重大，但目标的设定应当符合自身的实际。美国心理学家弗龙在他的《工作与激励》一书中，提出了期望理论。核心观点是：一个人被激发出的力量，除了与他所追求的目标价值的大小相关以外，还和达到目标的可能性有关。他认为，激励的力量来源于两个方面：一是目标价值的大小，二是实现目标可能性的大小。快乐的生活，来源于切实可行的学习和生活目标的设计与实施，来源于不苛求自己成为完美的人，来源于去理想化和去超现实化的自我提升[②]。

同学们应当立足于做一名普通劳动者。高等教育由精英教育变为大众教育以后，大学生中的大多数人，将来要成为普通的劳动者，成为靠自己的双手，养活自己、养活孩子、奉养老人的普通人。有的人甚至只有凭借勤奋的劳作，才能获得生存所必需的生活资料。应当充分认识到一个事实，那就是真正成为社会精英的，只是一小部分人。绝大多数人与此无缘。遗憾的是，许多人对此并没有清醒的认识。有的同学尽管各方面都不优秀，但却完全缺乏做一个普通劳动者的思想准备。学会由"普通"走向"杰出"。大学时代，立足于做一个普通的学生。这一心理定位，会带给我们快乐轻松的大学生活。但是，这并不意味着不发奋读书、不追求卓越。那些立足于不普通的人，可能终身过着普通的生活，因为沉重的心理包袱，影响了他们前进的速度和实效，而从一开始就立足于普通的人，很可能会变得不普通，还有可能被历史推向"杰出"。这就是生活的现实，也是生活的辩证法。无数事实反复验证一个普通的道理：知足

---

① 徐永森. 戴尚理激励原理与方法社会主义的优势与人的潜能开发［M］. 长春：吉林大学出版社，1991.

② 刘玉梅. 管理心理学理论与实践［M］. 上海：复旦大学出版社，2019.

者常乐。

（三）学会寻找乐趣

幽默是一种人生的智慧，也是一种人生的态度。具有幽默感的人，往往是智慧的人，也是快乐的人。学子们在课余时间，在彼此的交谈中"幽"上高雅的一"默"，不仅可以娱乐自己，还可以娱乐他人，也有助于启发智慧。同学间的幽默，可以增强彼此之间心灵和情感的沟通。在愉快的笑声中，激发出思想的智慧。幽默是人们美丽心灵的充分显露，为人们提供心灵的营养。大学四年，应当养成快乐的习惯。林肯说过："人只要心里决定快乐，大多数都能如愿以偿。"有的同学家境贫寒，生活拮据，甚至入不敷出，但他们开朗乐观，积极向上。有同学身体有些小毛病，但勇敢面对，笑口常开，快乐而十分有节制地读书、参加社会实践，既不影响学习，又不影响休息，彰显"青春"而充满生命的活力。他们已经形成了快乐的习惯。

第四节　处理人际关系

人际关系是人生事业成败的一个重要因素。没有人在生活中能完全避免与别人碰撞。他不得不以各种方式奋力挤过人群，冒犯别人的同时也忍受别人的冒犯。情商高的人，总是能得到众人的拥护和支持，有利于自己的成功。人际关系也是人们生活中的一个重要资源，其运行规律大概是：关系多—朋友多—信息多—机会多—财富多，从而形成"马太效应"，它有时比知识与金钱更重要。然而，如何处理人际关系是青年人进入社会后面临的一大难题。

一、人际关系成因

（一）人际关系形成的先决条件

先决条件是指对于人际关系的形成和发展具有普遍促进作用的决定性条件。人际关系形成的先决条件主要有以下三点。

1. 人

即人际关系的主体。人类首先是一种生物存在或自然存在，具有生命力和自然力。而自然生命的存在是人存在的基本的自然的前提，是人从事一切社会活动的物质载体，也是人得以存在和发展的物质基础，因而，人是构成人际关系的第一个前提条件。

2. 人际接触

在人类发展的初期阶段，人作为个体，依靠其自身的能力是难以在自然界中生存的，必须通过劳动过程中的互助协作来保障生存，因而劳动过程中的这种协作关系，提供了人和人接触的机会，建立了最初形态的人与人之间的关系。因而可以说，在人际接触交往中，孕育着人际关系的形成与发展，没有人际接触即人际交往，便没有人际关系，也就没有人类社会。

从一定意义上可以说，人与人之间接触的机会、频率、方式，对人际关系影响极大。"邻近性"在人际关系的形成和发展中有重大作用，在人际关系研究中颇为重要。"邻近性"的实质就在于人与人之间存在较多接触和互动的机会。一位社会学家进行的一项调查结果表明，居民们和住得最近的人最亲密。因此，一般说来，直接的、频繁的、信息性的接触，对人际关系的影响更大一些。

3. 人际需要

人际交往活动是以人的需要为前提的，人与人之间的一切关系，都是建立在一定的相互需要的基础上的，如果没有相互需要，即使有彼此接触的机会，也不会结成一定的关系。人类的许多需求，都是出于人类的本性，是人类所共有的。

（二）人际关系发展的基本动力

上述三个前提的实现，应当说都是受其基本动力的驱使，是社会内部人的生产、物质生产和精神生产相互作用和共同发展的结果，所以，可将人的生产、物质生产、精神生产视为促进人际关系形成和发展的基本动力。

1. 人的生产

就是人类自身的生产，即人类种族的繁衍。人类通过不断地生产出新的生命，而产生出人际关系的主体。可见，人的生产对人际关系的影响：产生了人际关系的主体，形成了最基本的人际关系，为人际关系的发展奠定了基础，从而保证了人际关系的发展。历史上曾经因战争、疾病、自然灾害等原因，破坏乃至中止了一些种族的生产，结果导致这些种族的灭绝，也导致了这些种族人际关系的灭绝。

从人的生产来看，它最初产生的几种人际关系是：家庭关系，如夫妻关系、姊妹关系、父子关系等；亲属关系，如祖孙关系、叔侄关系、舅甥关系等；社会关系，如朋友之间的关系、工作关系、居住地周围人的关系。

那么，人的生产数量和质量，也对人际关系的形成和发展有着不容忽视的影响。人口数量对人际关系的总体影响是：人口越多，人口密度越高，人与人之间相互接触和结成关系的可能性就越大。再从人的生产质量来看，它对人际关系的形成和变迁的影响，主要表现在通过种族繁衍的自然选择来调节人的婚姻、血缘关系。人类初期，因文明程度较低，大多采取近亲婚配，影响了后代的质量。随着人类社会的不断进步，人的婚姻范围逐步扩大，使人际关系由血缘关系向非血缘关系扩展。

2. 物质生产

人类为了生存，需要有维持生存的最基本生活资料，人们则要进行物质资料生产活动。物质资料的生产和交换，必然需要建立起各种各样复杂的社会关系。可见，物质生产是人际关系形成和发展的决定性动力。同时，人只有与他人合作，才能增强征服自然的能力，获取更多的生活资料，同时降低对自然界依赖的程度，因此也提高了人际关系的发展水平。

从社会发展来看，现代化的大机器流水线生产，将许多人集中到一起共同生产，提高了生产社会化的程度，也发展了人与人之间的社会联系。可见，物质生产的发展促进了人际交往的扩大，并且随着社会交通的迅速发展，使人们大大克服了空间距离的限制，增加了交往的次数，促使人际关系更加密切。因此，可将物质生产对人际关系的作用归纳为四点：

第一，物质生产推动人际关系的形成和发展。

第二，物质生产的发展导致了人际关系的变化。

第三，物质生产的发展促进交往范围的扩大。

第四，前代人的物质生产制约后代人的人际关系。

3. 精神生产

随着物质生产的发展，人类社会的精神生产也得到发展。但与物质交往不同，精神交往关系的制度化和规范化形成社会意识形态，其特点是具有强烈的价值倾向性。可以说，由于精神生产地迅速发展，促使人类语言的整合、情感的交流、信息的传递、知识的爆炸、艺术的繁荣、观念的变化等，而这一切都有力地影响着人际关系的形成与发展。

在此应提及，人类精神生产的方式随着社会发展不断改变，也使人际关系方式发生着相应变化。在人类早期社会，精神生产十分分散，一个部落的文字语言与其他部落不通用，最初的精神生产是个人凭兴趣单独进行，其精神成果只在内部享用。而随着人类社会向着文明化迈进，各民族的语言日益交流，其精神活动显现出有组织、大批量地进行，如当今社会出现的集中开展科学研究，生产精神产品。美国的硅谷科学城，牛津、剑桥大学城，科学、文化、艺术的交流已经国际化，人与人之间的心理接触概率大大增加。可见，精神生产的方式越先进，人际关系发展越显著。

再从其他方面来看精神生产对人际关系形成和发展的影响。首先，从思想意识来看，显然，相同的思想意识观念是维系良好人际关系的纽带，思想意识是否正确决定着人际交往是否恰当，思想认识的深浅程度影响建立人际关系的速度；其次，知识层次对人际关系的影响也较大，科学文化水平相近、知识层次相同的人，相互之间的交往更加频繁；再次，精神产品的生产方式也对人际关系的发生有一定的影响作用。

总之，上述三种需求，可谓是人的本质的表现，是人性的基本要求。马克思说：人的本质不是单个人所固有的抽象物，在其现实性上，它是一切社会关系的总和。因而人的本质就只能是一种社会性的存在本质。而人际交往的前提和基础是在满足人们物质和精神客观需要的同时，建立相应的人际关系。

二、人际关系影响因素

（一）个体因素的影响

个体因素即关系主体的内在因素，指个体在人际交往中表现出的人格心理特征、个体交往素质、人际认知等方面因素。它对人际关系有着重要的影响作用。

1．人格心理特征

人格心理特征，也可称为个性心理结构，是一个复杂的系统。它主要反映为个体的个性心理特征和个性倾向，如个体的价值心理、气质、性格、兴趣及能力等方面。它们对人际交往有着重要的影响。

（1）价值心理

指个体对作用于自身的客观事物或对于所参与的活动的价值，所进行的心理评估的一种稳定的个性倾向性。对于个体而言，价值心理一旦形成，便对其态度和行为起着指导和调节作用。若自身行为违反了自己的价值心理，便会出现心理上的不平衡，产生负疚感和自责感，因而正确的价值心理有利于人际关系的正常发展，而有问题的价值心理则会构成人际交往的障碍。

（2）气质

气质是一个心理学概念，是指人的神经活动的类型，即表现在一个人的心理活动的强度、速度及灵活性方面的典型的、稳定的心理特征。从常见的气质类型对人际关系的影响来看：多血质的人，反应快而情绪多变，活泼开朗，善于与人交往；胆汁质的人精力旺盛，性格外向，也易与人交往。而其他两种气质类型，即黏液质、抑郁质的人，性格内向，喜爱安静和独处，表现出不善与人交往。从心理学角度划分的人的气质类型，是无优劣好坏之分的，每种气质类型在有其优越性的同时，也有其缺憾，但具有相对的稳定性和可塑性的双重特征。

现代人对气质的理解，更侧重一个人由内向外散发出的一种美的个性魅力。有一个现象可充分地说明这种个性的影响力。例如，一个演说家在发表演讲时能像暴风骤雨般打动他的听众，然而一旦这些演说词被打成铅字，就会大大丧失其感染力，甚至无法打动人心了。这说明演说家征服人心的力量主要源于他们的个性及气质魅力。

不可否认，我们会有意无意地被拥有这种魅力的人所影响。与他们接触时，我们有一种升华的感觉，即使是初次见面，我们也会用一种使自己都惊讶的方式与之交谈，因为在他们的个性气质影响下，激活了我们深藏的自我，从而释放出一种超越自我的潜能，并产生出更多更好的热切渴望。因而，在当今社会的人际交往中，交际者具有其特有的和良好的气质，无疑能为自身增添魅力，促使人际交往的顺利展开，并获得令人赞美、敬慕的效果。

（3）性格

性格是指通过比较稳定地对现实的态度和与之相适应的习惯化了的行为方式所表现出来的心理特征。应当说，性格是个体在后天适应和改造社会的环境过程中逐步形成并发展的。关于性格对人际关系的影响问题，一直受到人们的关注。美国《今日心理学》月刊曾进行过一项大规模的问卷调查，了解读者对益友的意见。经对收回的4万余份问卷进行统计发现，按下列次序排列的八项性格特质是多数人公认的选择益友的条件：值得信赖（80%）；待人忠厚（88%）；热心且富激情（82%）；爱帮助人（76%）；诚恳坦率（75%）；有幽默感（72%）；肯花时间陪我（62%）；个性独立（61%）[①]。

在生活中，我们常常见到，性格内向的人难以与他人和谐相处，情趣不同的人在一起"话不投机半句多"，有着积极心态的人和有着消极心态的人对同一事物的看法可能完全不同。如关在同一牢房中的两名囚犯，他们晚上从同一扇窗户往外看，一个看到满天的繁星，感叹世界真美；另一个却看到漆黑一片，认为自己的前途一片黑暗。

（4）兴趣

兴趣是反映个体行为指向特征的个性心理指标。一般而言，个体之间在兴趣上存在着广泛与狭窄、持久与暂时的差异。可见，若一个人兴趣较窄，对什

---

① 罗兴根. 学会生活交际心理辅导［M］. 长春：北方妇女儿童出版社，2000.

么都不感兴趣，自然不易与人接近，也不易与人产生共鸣，因而会阻碍人际交往的进行，所以需要重视个体兴趣的培养。

（5）能力

能力是指直接影响活动效力、使活动得以顺利完成的个体心理特征。能力可以说是动态的反映，但也是影响人际交往最基本、最直接的心理因素。就个体的能力而言，可以分为一般能力和特殊能力。一般能力指注意力、观察力、思考力、想象力、表达力、记忆力等。特殊能力则指其专业方面的能力，如绘画能力、写作能力、数学能力等。通常特殊能力是几种一般能力的有机结合而在某一方面的突出表现。这里要特别提到的是，人们从实践中锻炼出的社交能力，可谓是一种特殊能力，它对人际关系发挥重要的作用和影响。

人的人格心理特征，对人际交往及人际关系的建立产生着重要影响。经过近几十年来的大量研究，在国际心理学领域较认同五因素人格结构。20 世纪90 年代以来，五因素人格结构理论被广泛应用。

2. 个体交往素质

个体交往素质主要包括个体的仪表形象、文化素养、道德品质、交往技能等因素。不可忽略这些因素对人际交往及人际关系的影响。

（1）仪表形象

仪表指人的外表，包括人的仪容、表情、姿态、服饰等具体构成因素。交往个体仪表的作用不可忽视，它在很大程度上影响着人际交往的效果。往往仪表在人际交往及沟通的最初阶段，最吸引对方注意，人们常说的"第一印象"，其产生多来自个体的仪表。显然，在人际交往中，良好的仪表不仅能美化自身形象，同时也体现对对方的尊敬，这已成为人们的思维定式。心理学有一项实验表明，在多人初次相识之后，愿意保持继续往来的因素中，仪表所占的比例高达 87%[①]。不难看出，仪表虽是人的外表，但它也是一种无声的语言，在一定意义上能反映出一个人的修养、性格及特征，对沟通的有效展开显然至关重要。

---

① 刘瑞军. 交际心理学实用技巧［M］. 北京：中国财富出版社，2012.

（2）文化素养

文化素养主要反映为个体的人生价值观念、知识水准、审美趣味、礼仪修养等，它是影响人际关系的一个重要因素。

① 价值观念

价值观念是指个体对人生意义和作用、衡量人生价值标准以及怎么实现人生价值等问题的观念及看法。显然，一个人的价值观念及处世态度，会很大程度地影响他的人际交往态度和方式。当然，个体的价值观念会受到自身人格的影响。一般具有理性价值观的人，偏重于对理想和信念的追求，他们在处理人际关系时，强调的是信念的一致性、坚韧性，更注重大局的利益，因而价值观念会直接影响个体的行为，以致影响其人际关系。

② 知识水准

知识水准是指个体所拥有的文化知识达到的程度及水平。在人际交往中，个体的知识水平对交际效果的影响不容忽视。显然，拥有一定的知识积淀，可使人具有良好的语言表达能力，促进与人的交流和沟通。因为交际主要是通过言语进行的，一个人文化修养的深浅会直接影响他对话语意义的理解。比如言语交际中时常出现的所谓"对牛弹琴"，便会导致交往对象的不解或误解，以致造成交际失败，因而要建立良好的人际关系，个体需要不断提高知识修养，来提升自我形象，美化个人气质。古人云"腹有诗书气质华"，我们应以此提高人际魅力，促使其人际交往获得成功。

③ 审美趣味

个体的审美趣味是指对美的事物的感知力和鉴赏力。这一因素也会影响人际交往的进行。可以看到，个体若有较高的审美趣味，会产生对艺术美的热爱和追求，会懂得欣赏艺术，因而有生活情调，并使人性情温和、情趣高雅，在交往中易于理解对方并激发对方的热情，由此可推动人际关系朝着良好的方向发展。

④ 礼仪修养

个体的礼仪修养是指在人际交往中体现出的良好行为规范。古人云："人无礼则不生，事无礼则不成。"当今的现实也表明，良好的礼仪修养能令交际者在所有场合里表现得自如从容、举止大方、谈吐文明、仪态优雅。交际者以彬彬有礼的姿态表现出对对方的尊重，以此获得对方的信赖，从而自然地营造出融洽的人际关系。

（3）道德品质

由人类的文化特征和价值取向决定，人类的交往活动及人际关系是被赋予道德属性的。应该明确，个体的道德活动从本质上说是与他人发生关系的人际行为，道德的目的也在于维护人际行为秩序，保障社会存在的发展。当然，不可忽略人性有道德需求，一方面是人自我肯定、自我发展、自我完善的需要；另一方面是协调人际关系、维护社会秩序的需要。这种需要使人无时无刻不与他人发生联系，并对其行为做出道德选择。在具体的人际情境中，人们对任何具有或符合一定道德准则的行为给予肯定和赞许；而对任何缺乏或违背道德准则的行为予以否定并谴责。主体良好的道德品质会引导和推动交往关系的正常发展；反之，主体缺乏正当的道德品质，便会造成与他人交往的障碍。可以这么说，道德维度规约着人际交往的内容与方式。

品德修养是一个人人格的最高体现。做一个有品德修养的人，不仅是对他人、对社会的尊重，而且更多的是对自己的尊重与珍惜。古人就有"君子忧道不忧贫""不患位之不尊，而患德之不崇"的训诫。在当今社会里也是如此，一个品德修养差的人，是很难有自己的知心朋友的。人们都愿意同那些有良好品德修养的人相处，因为同他们相处，会有如沐春风的感受。因此，品德修养也是一个人社交魅力之所在。

（4）交往技能

个体对于交往技能的掌握和运用是有差异的。交往技能主要体现为交际者是否能成功地展开人际公关的能力。其实，与人交往的过程是一个不断遇到问题又不断解决问题的过程，因而善于运用交往技能的人，能有效地排除人际交往中的障碍而妥善地处理人际关系。当然，人际交往能力的提高，需要借助各方面的学习，更需要通过长期的实践积累。作为个体若能注重自身交往技能的提高，必然有助于其人际关系的改善。

3. 人际认知

人际认知是指个体通过人际交往，根据认知对象的外在特征，推测与判断其内在属性的过程，或者说是在个体与他人交往过程中，观察了解他人并形成判断的一种心理活动。人际交往与人际认知有着密切联系，任何人际交往都包含有认知的因素，并且建立在认知的基础上。在日常人际交往中，唯有主体的主观认知与客观实际相符，才能根据不同的对象采取相应的交往方式，促使交往顺利进行。

以下从人际认知效应、人际认知偏差、人际认知的"双向性"过程几方面作一说明。

（1）人际认知效应

人际认知中的心理效应主要有：首因效应、近因效应、晕轮效应、刻板效应。

① 首因效应

即第一印象，指的是人们在第一次交往中对他人形成的印象最深刻，难以改变，往往影响以后的交往。人们在交往中，往往比较重视最先得到的信息，据此对别人下判断，形成最初的印象，而在最初的印象形成之后，对后来信息就较不重视，这种社会知觉效应，被称为首因效应。

首因效应使认知者得到第一个关于认知对象的感知和意象，甚至是概念，因此每当再次与认知对象接触时，原先的意象和概念就会产生"筛选作用"，即新信息中与原先印象相符合的信息被接受，而另外一些就被不自觉地忽视。例如我国有"逢人说项斯"的典故，说的是唐代青年诗人项斯携诗见当时的名士杨敬之，杨与他一见如故，非常欣赏他的诗和他的人品，于是大加奖掖，项斯因而得中高科的故事。

我们在日常生活中，与他人接触时，都会产生首因效应。如果首因效应是和谐的，那么这种和谐会产生惯性，至少会维持一段时间，否则，双方就无话可谈。

② 近因效应

它是指在人际交往中，最近的印象对人的认知产生的影响作用。换言之，在交往主体的印象形成和态度改变中，新近得到的信息比既往得到的信息对于整个印象和态度会产生更强的影响。例如，春秋战国时期，苏秦周游六国，宣传自己的"连横术"，未成功。回家时，身无分文，功名未就，导致"妻不下纴，嫂不为炊，父母不与言"。这里，苏秦的处境给妻子、嫂子、父母产生近因效应，而遭到冷遇，连家人都忘了他是一个才华横溢的人。

在日常生活中，教师对学生的鉴定、领导对下属的评价、下级对上级的印象等人际认知都与近因效应密切相关。

③ 晕轮效应

它是指在人际交往中，人们常以对某人某一特性的认知推及到尚未认知的其他特征上。晕轮效应又可称成见效应、光圈效应、日晕效应，是在人际知觉中所形成的一点概念或以偏概全的主观印象。美国心理学家凯利·阿希等人在印象形成实验中证实了这一效应的存在，认为这一效应主要是个人主观推断的泛化、扩张和定势的结果。

晕轮效应所揭示的人际认知泛化、扩张和定势普遍体现在人际交往中，我们所说的"子不嫌母丑""情人眼里出西施""东施效颦"都是如此。晕轮效应还充分体现在对历史人物的评价中，如对秦始皇的否定、对诸葛亮的神化。应该承认，晕轮效应多有认知偏差，但由于它符合人们的认知规律，因此，人们表现得宁愿让自己认知结果有偏差，也予以保留由此所得的认知结果。显而易见，作为被认知者就要遵循这条规律，做到有效控制传达给对方的信息，避免对方对自己产生不良的晕轮效应。

④ 刻板效应

它是指在人际交往中，对某人或某一类人进行简单概括归类，形成比较固定的印象或看法。刻板效应常常表现为：因认知对象的国籍不同而形成的刻板效应，因职业、年龄不同而形成的刻板效应，因性别不同而形成的刻板效应。

刻板效应是认知者通过归类、概括而产生的人际认知，它往往既是人际认知的重要捷径，也是造成人际认知偏差的主要原因。因为一般情况下，人的个性具有稳定性，正所谓"江山易改，本性难移"，好的品质是如此，不良的品质也是这样。因此，这些被认知对象的品质就类似于物理性质与化学性质，为他人认知自己提供了重要的捷径。例如，无数的革命烈士对共产主义信念至死不渝，很多人一辈子都拥有同学之间、师生之间、同事之间、朋友之间的深情友谊。这些都是刻板效应的体现。

但应意识到，如果刻板效应是建立在一种不正确的意象及概念之上的，那么所得的认知结果便会导致人际认知出现偏差。例如，典故"负荆请罪"中的两位主人公廉颇与蔺相如都有刻板效应。廉颇认定对方不如自己，蔺相如则认定对方本质是好的。当然，事实证明，前者是一种认知偏差，而后者则是正确的认知。

（2）人际认知偏差

所谓人际认知偏差，是指由于认知方法不正确而引起错误的一种人际认知现象。在现实生活中，有人会受到他人的喜欢和仰慕，有人却被周围的人厌恶和疏远，造成这种人际关系相容或相斥的原因，除了以上分析的因素之外，还有一个不容忽略的因素，便是认知偏差。它通常具有以下表现。

① 第一印象偏差

心理学家认为，第一印象对于人际认知具有很强的决定力。我们可以看到，通常在初次见面时，交际者易将对方的仪表风度、谈吐举止当作主要的感性认识，便据此片面地形成一种意向与概念，得到"第一印象"，这便是现实生活中"以貌取人"的现象。可见，第一印象是受对方外在因素所制约、建立在大量感性认识上的一种直觉。虽然外在的形貌比内在的智力、性格、态度等更容易迅速引起反应，但它毕竟是不全面的，因而第一印象容易造成人际认知的错误，需要予以正确的认识。

② 单向思维偏差

出现这种偏差，是认知者习惯以单向思维判断交往对象的结果。例如，对方被认为是好的，人们就很难发现他不好的一面；反之，对方被认为是不好的，人们也就很难相信其有好的表现。事实上，一个人的内心世界总是不一致的。例如，在学校学习成绩一贯优秀的学生，可能也会违反学校纪律；而被视为学习成绩较差的学生，他可能是一个乐于助人的人。可见，单向思维易导致人际认知出现偏差，对交往对象需要以多向思维去考察，才能获得正确的人际认知。

③ 综合品质偏差

这是人际交往中经常出现的一种认知偏差，即在综合他人品质时，将他人积极的一面加以弱化，而将他人消极的一面加以夸张的现象。这反映为现实中一个人好的品质不易引起人们的注意，因而不容易形成印象；而一个人的不良品质较容易引起人们注意，快速被人形成印象。例如，当一个人做件好事后，常常会被旁人所质疑；若是做件坏事，更是会被旁人怀疑他将继续做坏事，从而加以格外防范。应当指出，这种偏差是认知过程中最易犯并且也最危害人际关系的认知错误，应有正确的克服方法。

④ 主观尺度偏差

主观尺度是指认知者由自身个性决定的评价系统。人的个性是个复杂的心理结构，人与人之间存在着诸多差异，如兴趣、动机、需要、价值观、人生观等，还有性格、气质、能力上的差异，这些会导致在认知上形成不同的主观尺度。就认知个体来说，其主观尺度也不是恒定不变的，有时也会自相矛盾。因此，在正常的人际交往中，应警惕这种认识偏差，在对交往对象的认知上，我们不能认为对方符合自己的主观尺度，就盲目地认同，形成肯定的态度；反之，则形成一种否定、排斥的态度。

⑤ 个体归因偏差

归因是指人们从可能导致行为发生的各种因素中认定行为的原因并判断其性质的过程，或者说，归因是指人们通过对自己或他人的行为进行分析寻找原因的一种心理活动。

常见的归因偏差主要表现为：将成功归因于个体内在因素，比如个人的能力、个人的奋斗、个人的品格、个人的素质、个人的智慧、个人的态度以及个人的性格特征等方面；将失败归因于客观外在因素，如环境恶劣、条件太差、机遇不好、外界干扰、他人不配合等。

必须看到，在人际交往中，双方认知差异较小，有利于关系的良性发展。但从认知差异的形成来看，其认知上的差异主要是由双方认知的失调所引起，如交往双方在信息交流中看问题的角度不同，各有自己的思维定式，对同一问题就可能产生不同解释。同时，个体情绪的差异也对信息的传递产生影响，交往双方如果处在激情状态下或心境不佳时刻，就难以与对方沟通意见，甚至产生对立情绪，歪曲对方信息的意义，因此，认知程度会直接影响彼此关系的状态。为促使人际交往的顺利进行，交往双方不仅需努力克服自身认知上的偏差，还需尽可能地缩小双方在认知方面出现的差异。

（3）人际认知的"双向性"过程

人际认知实质上也是一个认知者对被认知对象形成"感觉、知觉、意象、概念"的过程。但是，人际认知的双方都是具有主观能动性的人，因此，与对其他事物的认知有所不同。人际认知是一个双方信息"双向交流"的过程，因而，人际认知过程具有多变量性、不一致性、互映性和制约性的特点。

① 多变量性

所谓人际认知的多变量性，是指认知双方都是一个多变量体，这些变量都影响到认知的现象。

人际认知过程中，双方的需要、动机、情感、态度、性格、能力、品质、社会关系、环境因素等都影响着各个认知环节，因而，认知双方的内心世界就处于一个多变量的动态过程中，相互形成的人际感觉、人际知觉、人际表象和概念也就随之变化。例如，一个性格外向的人在帮助他人时，表现为热情积极；而一个性格内向者，则更多地表现为暗中相助。当一个人高兴的时候，具有较大的心理相容性；而遇到挫折时，则会迁怒于他人。

② 不一致性

所谓人际认知的不一致性，是指认知双方的内心认知状态都存在一定程度的自我矛盾现象。

对于被认知者来说，不一致性表现为外在表现与内在想法之间具有不对应性；对于认知者来说，则表现为自我认知状态总是处于不稳定状态中。

③ 互映性

人际认识的互映性是指认知双方的相互认知往往有相似之处。你对别人持有的认知，往往也就是别人对你的认知。例如，"你敬人一尺，人敬你一丈""你对他人笑，他人也对你笑"，说的就是这个道理。

④ 制约性

人际认知的制约性是指人际认知过程中存在很多的制约，这种制约性主要体现为认知条件的限制。

随着现代社会科学技术的发展，许多学者对于认知结构等问题的研究越来越重视。当今时代，认知心理学利用计算机技术模拟认知结构，使此项研究向纵深发展，不断将其研究推向新的阶段。

（二）社会因素的影响

1. 社会背景的影响

主要指社会制度、道德规范、相关法律、社会习俗等在人际交往中对交往主体的影响。

（1）社会制度的影响

社会制度是指在一定历史条件下形成的社会关系和与此相联系的社会活动的规范体系。社会制度是发展变化着的，由此也影响人际关系的变化和发展。就宏观而言，人际关系的每一种历史形态的演变无不与社会制度联系在一起。就微观而言，人际交往的范围在不同时期以及不同地区会发生不同变化，如在较为开放的社会制度里，人际关系的范围往往容易扩大；反之，在较为封闭的社会制度里，人际关系容易狭窄，并且，社会制度还具体影响到人际交往的行为模式。

（2）社会道德的影响

社会道德是指由社会舆论力量和个人内在信念系统驱使支持的行为规范的总和。可以这么说，人际交往就是社会交往，它不可以混乱无序，必须纳入一定的规范中，进行必要的控制、约束和调节。道德正是这种规范和调节的手段。因此我们还可以这样解释道德：道德属于社会现象，是行为规范与准则，能够对人们之间的彼此关系进行调整。社会道德主要是依靠社会舆论、传统习惯和人们的内心信念来维持的，并用善与恶、公与私、诚实与虚伪、正义与非正义等范畴来评价并影响人们的心理、意识、情感和意向的调节方式，所以它的影响是非强制性的。

正因为社会道德的影响，人们便依据道德规范来辨别是非、善恶、美丑，并以道德规范来指导或调节自身行为。在现实社会里，人们遵守道德规范，能够感受到内心安宁，被舆论赞许；反之，如果人们漠视甚至打破道德规范，就会感到内心愧疚，被舆论谴责。显然，交往中的关系主体讲求道德、诚实守信、平等互助、助人为乐，能够营造一种良好、温馨的人际氛围，促进社会文明的进步；反之，不讲道德、损人利己、虚伪欺骗等，则会破坏人际关系，败坏社会风尚。因此，社会生活的正常秩序和人类文明的发展，客观上要求有一定的道德规范来调整各种人际关系。中华民族历来就提倡用道德规范的力量来协调人际关系，比如儒家强调的"父慈子孝，兄友弟恭"，以及"忠恕之道""民胞物与"等观念，都突出了处理人际关系时相互尊重的基本道德原则。当今，人际关系呼唤我们建立一套具有现代意识的道德规范，因为传统道德规范与现代道德规范的冲突不时发生。

（3）相关法律的影响

法律的本质是规范人的行为，自然也规范着人际关系。法律的影响是通过国家强制力量的支持，来调节人们法定的权利和义务关系。任何社会里，人们在法律范围内进行人际交往活动、建立和发展人际关系，便会受到法律的保护。从法律对人际关系的影响来看，若社会法律健全，并贯彻实施到位，就能促使人际关系健康而正常地发展；反之，法律不健全或实施不力，便会阻碍人际关系的正常发展。

（4）社会习俗的影响

这里所说的"社会习俗的影响"，主要指的是交往双方受到的一定社会中待人接物的风俗习惯以及生活方式的影响。众所周知，民族不同、国家不同、习俗不同，在人际交往上也会产生鲜明的不同之处，正所谓"十里不同风，百里不同俗"，如全世界的见面礼，便可分为许多种：欧美国家行拥抱礼和握手礼，日本及亚洲一些国家行鞠躬礼，南亚及东南亚一些国家行合十礼，还有的地区及国家行抬手礼、脱帽礼等。除此之外，在交往风格方面，差别也是显著的。举例而言，美国人一般不会过于拘谨或拘泥于礼节，能够热情洋溢地与人交往，坦率直接地进行沟通；而在人际交往中，中国人则更为含蓄、内敛、谦虚。因而，社会习俗的差异，也会给人际交往，尤其不同民族、国家、地区之间的交往，带来一些影响。

2. 文化观念的影响

主要指文化价值观念的差异对于人际交往的影响。它表明人对社会行为的评价态度，突出地表现为不同文化背景的人对社会的认知态度。首先，交际主要是通过言语进行的，一个人的文化修养的深浅、受教育程度的高低既影响着他对话语意义的理解，同时也制约着他对言语材料的选择与组合。比如，在言语交际中对牛弹琴，导致交际对象的误解以致反感，就是交际失败。其次，如何区别好和坏、正确和错误、真善美和假恶丑，不同的文化价值观，其看法也不尽相同，如我国的一位学者在西方国家进行一次学术演讲，他按照中国人的价值观念，在发表演说之前，以谦虚的口吻说："本人才疏学浅，只有一点不成熟的看法，希望大家批评。"西方学者听后却会感到纳闷，认为你既然研究还不成熟，为什么要公开发表观点呢？

3. 社会角色的影响

每个人在现实的交往中，都会受到自身所扮演的社会角色的影响。其社会角色主要由社会地位和职业身份等因素构成。

（1）社会地位的影响

社会地位是指关系主体所处的社会地位，从政治学和法律学的角度来说，是指由法律规定和公众认可的具有一定特权和专利的社会等级。社会地位的不同会造成交往的障碍。社会地位对人际关系的制约或影响主要表现在三个方面：

① 社会地位制约或影响人们的交往对象和人际关系状况。

② 社会地位制约或影响着关系主体的交往热情和交往需要。

③ 社会地位制约或影响着人的交往动机和诸多的交往心理。

在人际交往中，通常身居高位的人易表现出盛气凌人，使其下属不得不敬而远之，以致妨碍了上下级之间的正常沟通。我们应该采取发扬民主、经常对话的方法，消除上下级之间的障碍。其次，社会角色的不同也会影响家庭成员的交往，如父母不以平等的态度对待子女，令子女与父母产生隔阂，导致家庭中人际关系出现障碍。最后，从交际主体的年龄角度来看，年龄的差异会导致长辈与晚辈之间沟通的困难，产生所谓"代沟"现象。

（2）职业身份的影响

职业身份是指关系主体所从事工作的类别，即做什么工作和担任什么职务。在社会交往中，个体的职业身份往往对人际关系起着一定的影响和制约作用。

作为交际主体，所从事职业的不同，就会有不同重点的人际交往对象。例如，教师的主要交往对象是学生，公务员的主要交往对象是同事，服务人员的主要交往对象是顾客等。可以说，职业类别与人际交往对象的这种关系，是职业类别对人际关系的第一制约和影响。就交际者不同的职业身份来看，它能满足不同交际对方的需要。例如，商业工作者能满足人们购物的需要，修理家电的技师能满足人们修理家电的需要，等等。因而，从事满足需要对象越多的职业，越容易建立广泛的人际关系；从事满足对象需要程度越高的职业也越容易建立较深或较亲密的人际关系。

4. 社会资源的影响

主要是指交往主体在社会中的人脉关系对其人际交往的影响。若交往主体的社会交往范围较大，善于广结良缘，拥有较丰厚的社会资源，自然在人际交往中会感到轻松自如，并且左右逢源，这种状态也必然有利于自我人际关系的发展；反之，交往主体的交往面狭窄、社会资源较匮乏，便会对个体的人际关系造成一定的局限。

运用曼陀罗思维工具，管理自己的人脉资源，可在人脉建立方面有策略、有系统地大幅度提升自己的能力。

三、增进人际关系

（一）人际沟通的基本原则

大量的实践证明，实现人与人之间的有效沟通，需要交往双方在沟通的过程中遵循其基本原则。

1. 同理心原则

许多心理学家在论述人际交往的基本规律时，认为同理心是交往双方须遵守的核心准则。所谓"同理心"，它既是一个心理学概念，又是一个道德准则，最早由人本主义大师卡尔·罗杰斯提出。其含义与我们通常所说的"将心比心""设身处地"是一致的，都是强调应善于替他人着想，尽力去了解并重视他人的想法，这样才可能接受他人的感受和情感①。

可以断定，在沟通中用同理心去接纳对方，可以提高说服对方和化解冲突的能力，以便了解对方的立场和初衷，建立彼此的信任，进而求同存异、消除误解，促使沟通的有效进行。

2. 正确定位原则

沟通中的定位，主要包括沟通中的角色定位、沟通中核心问题的导向定位、事实导向定位。这里要重点说明的是沟通中的角色定位。沟通中双方应处于平等地位，防止沟通是基于一方的身份、地位、职务进行的。我们必须明白，如果沟通未能以共识为基础，将是徒劳无益的。

3. 信息组织原则

所谓信息组织原则，是指沟通双方应在准备阶段掌握相关的真实、准确、具体的信息，使双方在信息交换的基础上，能了解彼此的真正需要和意图，从而找到最佳的平衡点，促使沟通的顺利进行。许多关于沟通的理论，都对这条原则的重要意义展开了论述。

在与他人交流、沟通之前，我们一定要先将自己的思路厘清，避免说话混乱不清，做到言之有物、有理有据，如此方能真正引诱、感染、引导、说服对方。

4. 交流互动原则

所谓交流互动原则，是指在运用言语进行交流的过程中，应注重沟通主体及交往双方的反应。可以说，互动性是沟通的一条重要原则，它体现了沟通最显著的特点。在沟通过程中如何展开互动？具体要求是：参与沟通者应能及时做出承接、应对和反馈，如在言语交流中，回应对方的话语；在聆听时，做出

---

① 罗杰斯. 论人的成长［M］. 石孟磊，等译. 北京：世界图书北京出版公司，2015.

适当的交流表情，使交流在互相衔接、彼此影响、相互感染中深入下去，从而实现交谈主体的沟通目的。

显然，交流互动过程中的彼此回应和反馈十分重要。这里对交流中常用的七种回应方式做以说明。

（1）评价式

这种回应方式具体而言就是参与交谈的人通过判断提出忠告，或者对同意与否进行表示。通常而言，我们可以在如下情形使用：在深入讨论某一主题后，回应者可以对自己的意见进行表达。例如，在进行贸易谈判中，可采用的回应话语是："我们并不想占你的便宜。"

（2）碰撞式

是指在双方进行沟通式的交谈中，以挑战的口吻来澄清信息并找对方的矛盾点和不连贯点。这一回应方式在商务谈判中经常用到，如帮助对方澄清自己的想法和感情，或帮助对方把问题想得开些。例如，商务谈判中常用的回应话语是："虽然我们未能准时交货，但这不代表我们想占您的便宜，任何人都没有这种想法。"

（3）转移式

这种回应方式主要是将沟通双方的问题焦点向自己选择的问题上转移。通常而言，我们在如下情形使用：在需要展开比较时，可以对主题进行转移，从而让对方了解到，其他人也有过类似经历。举例而言："听了你的话，我回想起前年冬天发生的事情，记得那天下着雪……"

（4）探测式

这种回应方式，主要被用于如下情况：在沟通时，当需要借助更详尽的信息，以更好地对对方说的内容进行理解时，可以要求对方提供更详细的例子或者信息，或是对自己所说的内容进行澄清；在沟通时，当对方要开启全新谈话主题时，也可以采用"探测式"方式，辅助自己厘清情况。举例而言，我们可以进行如下回应："确实，我们没能准时交货，但您能不能告诉我，为什么您会认为我们想占您的便宜呢？"

（5）重述式

这种回应方式，主要是交谈者试图对对方说的内容进行重述，从而对对方话语中的缘由、含义加以测试，以便让双方的意思更加清晰，同时鼓励对方，让谈话主题步入更深层次。举例而言，我们可以对如下回应话语进行采用："显而易见，你不高兴了，因为在你看来，我们提供的日期模糊不清。"

（6）平静式

这种回应方式，主要是在与对方沟通过程中，交谈者有意识地将有关于言语的感情强度降低，帮助对方处于更为平和、安静的状态。通常来说，这种方法一般被用于如下情形：对方对沟通是否能顺利进行产生怀疑，或对方产生强烈感情波动时。举例而言，我们可以这样回应："您不要误以为我们想占您便宜，我们也非常希望能准时交货，此次延迟并非我们能控制的。"

（7）反射式

这种回应方式，主要是在交谈过程中，把握适当机会，将听到的内容用不同字眼反射给对方。反射式回应实际上是一种"听到了""理解了"的提示。不过，需要注意的是，采用反射式回应方式时，不能仅仅简单重述或模仿。

5. 换位思考原则

任何沟通都是有目的的，沟通双方都期望通过沟通实现自己的某种目标，因而，沟通双方若能清楚地了解对方的目标，在沟通中能转换角度替对方考虑，而在不损害自身利益的前提下，实现其所期望得到的，那么就能使沟通双方实现双赢。我们通常看到，在沟通中力求说服他人，的确可以给自己带来满足感，然而沟通并非只包含"说服"二字。我们应当认识到，因为沟通双方之间无可避免地存在差异，所以在交流、沟通时，我们不能一味说服对方，而应从对方视角看待问题，对其思路进行想象，对其感觉加以体会。

6. 双向沟通原则

这一原则指的是，双方在交往过程中，应当积极、主动地交流、沟通，彼此之间有必要的了解。显而易见，遵循这一沟通原则，就是要在交往过程中以"彼此理解"为前提。如果交往过程中缺乏彼此理解，那么将面临诸多困难。一直以来，双向沟通原则都被认为是交往艺术中最基本的原则之一。

把握这一原则，关键是对双向沟通理论的核心即"人是需要理解的"有清晰的认识。所谓理解，一般是指对交往对象的理解，其范围是很广泛的，包括理解交往对象需求、兴趣、性格、职业、身份等。

若将双向沟通与单向沟通相比较，显然在效率方面有明显的不同。根据莱维特的研究，它们有四点不同之处：其一，单向沟通不如双向沟通准确；其二，双向沟通能够增强接收者的自信心；其三，双向沟通中，由于接收者可以向信息源提出不同意见而使信息源常感到有心理压力；其四，双向沟通容易受到干扰，并缺少条理性。

（二）人际沟通的有效策略

为促使人与人之间的交流能够卓有成效地展开，我们不仅需要学习和了解沟通的相关知识，遵循沟通的一般原则，还需要掌握具体的、有效的沟通策略。

1. 把握沟通中的关键点

（1）明确沟通目标

沟通的目标是沟通的灵魂，也是整个沟通计划及实施围绕的主题。可以断定，一旦沟通的目标不明确，整个沟通过程就会南辕北辙。沟通目标应根据双方的沟通理解能力、态度转变、互动状况、意愿空间来确定。应当注意，在沟通过程中不可被其他事物所吸引，以及分散注意力而游离于目标之外。例如，双方在洽谈中，为活跃气氛可以"夸奖"对方，如果对对方横加指责，便会严重影响双方关系，以致影响沟通目标的实现。

（2）了解沟通对象

在沟通过程中，人们往往容易将注意力集中在对沟通目标和沟通内容的把握上，而忽略了沟通另一方所作出的各种反应，这样的沟通必然是失败的。实际上，评价沟通效果的最终目标是接收信息一方的理解和接受程度，而不是信息传递一方表达的清晰程度。有时一个十分准确的表达方式，所带来的结果却是令对方感到茫然甚至误解。所以，在对方处于不能正确接收和理解信息的状况下，可考虑另觅时机。切记，不可迫不及待地表明自己的观点。所以，沟通者需要在沟通前对沟通对象有一个比较全面的了解，并在沟通的过程中，密切注视和观察对方的需要、动机、兴趣以及情绪，应根据沟通对象的心理状态及现场反应，采用恰当的沟通策略。

（3）选择沟通手段

在沟通过程中，沟通手段涉及多个方面，相对来说，沟通手段是沟通中最复杂、最困难的要素。沟通手段采用得是否得当，关系到沟通能否有效地组织和实施，并取得成效。如何选择沟通手段，可考虑以下几方面因素。

① 采用的沟通媒介

沟通媒介主要分为口头和书面两大形式。口头形式包括面对面交谈，播放录音、视频等；书面形式则可采用准备好的资料、备忘录及电子课件等。对于沟通媒介的选择，应根据实际情况而定。

② 信息的组织形式

即在沟通中使用的话语表达方式。从表述的逻辑性而言，可以对归纳法或演绎法进行采用。具体而言，归纳法立足具体事例，通过分析、解释，得出一般性结论或主要观点；演绎法则是立足主要观点、一般结论，说明、解释具体事例。

③ 个体风格的呈现

个体风格主要从仪表（仪容、仪态、衣着）、言谈举止、风度等方面体现出来。不可否认，一个人能否与周围的人进行有效沟通，与个人风格的呈现有很大关系。良好的风格能展现个人的魅力，自然会为沟通的成功起到正面影响和推动作用。

④ 场合、时间的考虑

沟通场合是指沟通活动开展的空间范围及布局。沟通场合往往对人起着心理暗示的作用，从某种意义上说，它决定着人们对信息的解读方式，因而必须对沟通场合予以慎重考虑，许多擅长沟通的人，往往选择某些特定场合作为交谈地点，以显示自己的特殊背景和身份。在选择沟通地点时，要对两点予以注意：一方面，要让沟通双方都能愉快、放松，感到十分自如；另一方面，应尽量减少环境的干扰。

时间也是决定沟通效果的重要因素。应考虑到不同的时间段以及时间的安排，会给对方传导出不同的信息，因而时间的选择和安排应妥当、合理。

2. 掌握沟通中的有效策略

沟通策略，即沟通手段及艺术，对沟通具有十分关键的作用，我们需要了解和掌握相关知识和技能。

（1）遵从对方的"言默之道"

在现实中，往往顺着交往对方的"言默之道"来沟通，能收到良好的效果。所谓"言默之道"，其"言"是指对方运用言语表达；"默"则是指对方保持沉默状态。通常人们有一个错觉，当和他人沟通、交流时，说得越多越好，还要多问问题，如此方能实现有效沟通，并自以为对对方十分了解，除此之外，还默认对方不回答、不说话就是一种默许。需要指出的是，在沟通过程中，往往是沟通客体掌握着"要不要听"和"要不要说"的主动权。因而，顺从沟通客体所关心的事情、所感兴趣的问题去沟通，容易找到共同话语，并达到沟通的目的。因此，作为参与沟通的主体，应多给对方开口说话的机会，并鼓励对方发表自己的观点。其实，"默"也是一种沟通，用得恰当，则会收到"此时无声胜有声"的效果。总之，在沟通中应时刻让对方感到放松、自如，丝毫没有压力，这样不仅能获得对方的尊重和信任，同时也让交流能有效地展开。

（2）沟通中的"自我暴露"

每个人（自我）在人际关系中都有不同的四种区域，包括未知区域、秘密区域、盲目区域、开放区域。

① 开放区域

"人知、我亦知"的区域就是开放区域。在开放区域中，涉及"我"的种种背景材料，如外貌状况、行为、秉性、嗜好、脾气、兴趣、年龄、思想、职业、观念、籍贯、家庭出身及婚姻等。

② 盲目区域

"人知，自不知"的区域就是盲目区域。人们往往难以意识到自己的不足与长处，往往做自己意识不到的事。常言道，"当局者迷、旁观者清"，讲的便是这个道理。通常而言，有着越大的盲目区域，人们就越可能让自己的信息交流活动处于盲目状态。

③ 秘密区域

"自知、人不知"的区域，就是秘密区域。有的人行恶事，不敢让任何人知道；有的人则是行善事，不愿留名；也有很多人，想要将自己做的、想的，深深埋藏进内心，不想被旁人窥探。凡此种种，都是人的秘密区域涉及的问题。

④ 未知区域

"自不知、人亦不知"的区域，就是未知区域。尽管我们很难确定未知区域的范围，然而毫无疑问的是，它是真真切切存在的。很大程度上看，人的潜意识就是一种未知区域。不过，我们都知道，潜意识能够向意识转换，同理，在一定时间后，未知区域或许能够向其他区域转换，转换后，未知区域就不再"未知"，而是变为"已知"。

依据"约哈里窗户"的原理，要实现与他人的有效沟通，须进行积极的"自我暴露"，扩大开放区域，缩小秘密区域。应意识到，人际的沟通深度，在很大程度上取决于沟通双方的"自我暴露"程度，当然在这个过程中应遵循"自我暴露"基本要求。

（3）心理或情感的有效诱导

人际沟通最基本的要诀之一，是巧妙地诱导对方的心理或情感。譬如运用言语沟通时，必须充分考虑到对方此时此刻的心理状况，这种考虑可以从两方面入手：首先，掌握良好的心理时机。一个人在心情愉快时，什么话都能听进去，若想恳求领导或批评教育别人时，应注重选择时机。其次，在进行沟通交流的过程中，应根据对方的心理特征谨慎地选择和组织话语形式。例如，一次，孔子面对他的两个学生提出同样的问题，他给出了两个不同的回答，学生公西华很不明白，就问孔子，孔子解释道："冉有性格懦弱，遇事退缩不前，所以我要鼓励他；而子路生性好勇，争强好胜，所以我要给他泼点冷水。"[1]我们可以从这个例子中得到启示。

在人际交往中，打动对方的感情往往比启发对方的思想更富有成效。有时，在交流中同样一句话，由对方动情而主动地说出来，效果就大不相同，对方对

---

[1]　徐平. 刘强，译. 论语［M］. 长沙：岳麓书社，2020.

自己所做的承诺，一定会全力以赴，就算遇到困难，也会全力去克服，这岂不令沟通的效果更好吗？可见，真正的沟通是建立在交往双方两情相悦的基础上。俗语说"通情达理"，显然，只有在"通情"的基础上，才能实现"达理"。

3. 善用沟通中的迂回战术

一般而言，实现沟通的途径有两种：一种是直接沟通；另一种是迂回沟通。所谓迂回沟通，是指避免正面出击，采取迂回曲折的方式达到沟通的效果。

在有些具体的沟通中，往往会遇到一些棘手的难题，令交流者不宜做出直接表达。面对此种情况不妨采用迂回战术，这也不失为达到沟通目的的有效手段。心理学研究表明，人人都有排他心理，特别是交往一方以强硬的姿态命令对方遵从其旨意时，说服对方应使用商量的语气、委婉的言辞，当对方心情放松时，再提出解决方案，这时容易达到沟通目的。

迂回沟通中，也可采用第三者传递信息的方式，通过传递信息者和接收信息者的关系，以及他们的表达技巧，促使信息有效地传递，以达到预期的沟通效果。总之，我们应善于运用迂回沟通方式。

第四章　学习管理

芸芸众生，谁都渴望成功，然而成功并不是唾手可得的。如果一个人希望获得学业、事业和人生的成功，就必须有明确的目标、科学的规划和不懈的努力，才能到达胜利的彼岸。如果说"万事俱备，只欠东风"，那么这个"东风"就是去实践，通过学习管理去实现自己最初的梦想。本章将从学习管理的内涵、学习习惯与学习方法的养成两方面阐述学习管理这一主题。

第一节　学习管理的内涵

步入大学校园，莘莘学子感受到了这边独好的大学风景，在享受"梅花香自苦寒来"的欣喜之时，也迈进了人生重要的过渡阶段——大学。大学是校园生活与社会生活的过渡时期，是学生时代到成人社会的衔接期，是未来人生重要的起点。经过四年大学生涯的历练，有的同学成为精英人才，有的却荒废了四年时间毫无所知。拥有优秀的智力，身处同样的环境，接受同样的教育，怎么会有如此大的差距呢？究其根源在于不同的学习管理。

一、学习管理概念

学习指的是通过阅读、观察、听讲、研究、实践获得知识或技能的活动。

学习定义并非单一的，有很多层次。从广义来看，"学习"指的是形成、获得技能与知识，培养、发展非智力因素与智力因素；从狭义来看，"学习"特指获得技能与知识。在大学中所涉及的"学习"概念，更倾向于广义的学习概念，即形成、获得技能与知识，以及智力因素与非智力因素（主要通过思想道德素质、人文素养、智力水平、心理素质和身体素质表现出来）的发展与培养。

在大学，学习专业知识和提升综合能力（智力因素和非智力因素）都十分重要。课堂学习会占用大部分的学习时间，专业基础课程和专业课程、作业与实验，会让学生感觉到学习任务十分繁重。同时，大学还要学生培养各种能力，如学习与计划能力、组织协调能力、写作与表达能力、团队协作能力、动手能力、社会实践能力、人际交往能力。这些能力的获得要求大学生学会对学习进行管理，即有计划地安排好大学的学习生活。那么，什么是学习管理呢？

一般意义上来说，学习管理就是基于现有的知识储备量，使用有效的方法，对学生的学习潜质进行开发，发现学生的特长，从而使之在学习过程中对机会进行选择。从本质来看，学习管理就是让学生有能力构建自身知识体系。对于大学生来说，"学习管理"更侧重于对学习的过程进行自主安排，指的是如下过程：大学生自主安排、筹划那些相关于自身职业、事业目标的学习任务，并在实践中付诸行动，从而实现学习目标的过程（这里所说的学习目标，即对综合素质进行提升，更好地与社会需求相适应）。

具体而言，"学习管理"指的是，大学生正确认识社会未来需要以及自身特点（能力特点、性格特点等），并深入分析，从而将自己的职业、事业目标确定下来，再对自己的学习目标进行确定，之后结合自己家庭情况、工作生活现状、经济条件等实际情况，制订学习计划，并在实施过程中完成自我调控、自我管理、自我约束，最终实现自己制定的学习目标。换句话说，学习管理即大学生通过解决一系列问题（何时学、怎么学、学什么），确保自己能达成学习目标、顺利毕业，为随后职业生涯发展或事业的开展奠定坚实基础。

二、学习管理的内容

现如今，社会面对许多新挑战、新难关，因而需要的是有着雄厚基础、更宽知识面、更高综合素质、更强大人格魅力的人才，这种人才并非只掌握单一技能，而是一种复合型高精尖人才。在社会职业变迁中，这种趋势也有着愈发明显的体现：岗位所需技能、知识有着更短的更新周期，行业特征不再鲜明，职业变动有着日益增加的可能性，专业对口岗位相较过去变得更少，岗位有着更高的复合程度，等等。因此，用人单位也空前提高了自己对大学生人格魅力及综合素质的要求。所以，学生要顺应时代变化制订自己的学习计划，通过自主的学习管理来提高自己的综合素质，从而实现自己的价值。

在大学里面除了学习知识、掌握技术技能、积累实践经验外，更重要的是，要学会做人、学会做事、学会为人处世等来提升自己的综合素质以适应社会变革的需要。相应的，学习管理就是要求学生在明确学习内容的过程中自觉地约束自己，寻求学习突破来提升自己的综合素质，以便更好地适应社会需求实现自己的人生价值。因此，学习管理与学习目标（综合素质的提升）存在密切联系，主要是通过对大学生智力水平、人文素养、思想道德素质、心理素质和身体素质几个方面的管理来提升学生的综合素质。

（一）思想道德素质

"有德之士，如夏日之荫、冬日之炉，不求亲人而人自亲之。"[1]道德观、价值观、人生观、世界观、政治观等内容，是思想道德素质的主要内容。其中，诚信是管理大学生思想道德素质的根本。

1. 政治观

思想政治素质在社会主义社会以"社会主义思想、集体主义、爱国主义"为最根本的核心。大学生心中对祖国的热爱，将变为期盼祖国富强、昌盛、繁荣的动机，随后升腾起巨大热情，激励他们不畏艰辛、不懈奋斗，孜孜不倦地对真理进行追求，继而形成无畏的创业精神。大学生心中的集体主义，能够让他们将自身成才目标密切联系于时代需要、社会发展，继而产生一种动力，激励自己不断创新、实践。学习管理要求学生在学习过程中要树立正确的政治观，在大是大非面前保持清醒的头脑。

2. 世界观

世界观是指人对整个世界的根本看法。它建立于一个人对自然、人生、社会和精神的、丰富的、系统的、科学的认知基础上。因为人们有着不同社会地

---

① 庄元臣. 叔苴子内外编［M］. 商务印书馆，1939.

位以及不同看问题的视角，所以形成的世界观也存在差异。学习管理要求大学生在学习过程中，将辩证唯物主义世界观（即马克思主义的世界观）自觉树立起来。

3. 人生观

所谓人生观，就是个体对人生理想、人生价值、人生态度、人生目的的根本看法与态度。人生观主要回答如下问题：人生的追求、信念、理想、目的、价值、意义以及人为何活着。恋爱观、幸福观、公私观、苦乐观、审美观、荣辱观、道德观、友谊观、生死观等，都属于人生观的基本内容。学习管理要求大学生在学习中将正确的人生观自己树立起来，让自己成为一个有益于他人的人、一个脱离低级趣味的人、一个纯粹而又高尚的人。

4. 价值观

价值观指的是个体对人、事、物等周遭客观事物的重要性与意义的总看法、总评价。世界观与人生观决定着人所具有的价值观。个体的价值观自其诞生之日起，在社会与家庭的影响下一步步形成。不仅个人行为受价值观影响，整个组织的行为与群体行为也受价值观影响。在学习过程中，当代大学生应自觉对社会性价值观与理性价值观进行培养，即培养以他人和群体、真理与知识为中心的价值观。

5. 道德观

所谓道德，指的是以意识形态为基础的人们，在共同生活中形成的行为规范和准则。假如道德贬值，将导致良知泯灭、祸乱四起；假如道德增值，则人人友爱、社会和谐。当代大学生要让自己成为社会主义新人，做到有纪律、有文化、有道德、有理想。在学习中，当代大学生要将崇高的思想道德自觉树立起来，切记"无德不能怀远"，缺乏道德，便难以真正拥有深厚的文化修养，难以树立高度的纪律观念。

6. 诚信学习管理

面对诱惑，不怦然心动，虽平淡如云、质朴如流水，却能让人领略到一种山高海深，这是一种闪光的品格——诚信。近年来，在种种环境因素影响下，有些学生潜意识中出现诚信意识匮乏的问题，大学校园这座"象牙塔"中，也产生了诚信不足的现象。

因此，学习管理要求学生在学习过程中树立正确的世界观、人生观、价值观，做社会主义核心价值观、荣辱观的践行者，从我做起，从身边做起，从小事做起，诚实做人，诚信做事，以身作则，遵纪守法，修身养性，陶冶情操，不断学习思考，使高尚成为一种习惯。

（二）人文素养

何为人文素养？指的是一个人的内在修养与素质。"学会做人"是对人文素养进行发展的核心。学会做人，就是要学会做一个有修养、有智慧、有良知的人。人文素养自然体现出内在文化美德，而无须旁人提醒。所以，学生既要掌握专业技能、习得专业知识，还要能够对人类社会的优秀文化成果进行吸收与学习，实现综合素质的强化，如文明礼仪、价值观念、理想信念、人格修养等方面。

一个国家没有现代化科学就会落后，就要挨打；而一个国家没有人文文化，精神就会迷失，民族就会异化。一个人没有人文精神，他就是一个残缺、不完整的人。作为 21 世纪的大学生，不仅应当具备科学素养，也应当拥有人文精神；不仅应当具备专业知识，也应当拥有健全人格。所以，大学生要对培养自身人文素养予以更多侧重，将人文素养的培养纳入自己学习的计划，在学习管理过程中将自己放入人文环境去陶冶情操，接受人文教育，提升人文素养。

（三）智力水平

人们在对客观事物进行认识的过程中，所形成的稳定的心理特点的综合就是"智力"。智力包括思维能力、想象力、记忆力、注意力以及观察力。对于智力而言，"思维能力"是其核心。如今，人们已经深刻了解到，如果一个人想要获得学业、事业成功，就要以"智力"为基本前提。因而，在现代人才培养中，提升思维水平、开发智力，已然居于核心位置。

现代社会信息化速度、知识化速度与日俱增，受此影响，当今社会出现了"人才崇拜""知识崇拜"的潮流。智力主要是依靠人们后天努力获得的，而非与生俱来的，因此，我们应当善于总结、学习、思考，时刻对自己进行锻炼。毋庸置疑的是，只要我们愿意为实现自己的目标付出辛勤的汗水、不懈的努力，加之方法正确、方向无误，成功就是必然的。

人脑如果不用，就会像长期停工的机器一样变得迟钝，它是越用越灵活的。如果我们想实现智力水平的提升，就要多思考、多用脑。我们要侧重于自身独立思考能力的培养，避免学习不求甚解、只知死记硬背。对于大学生而言，利用学习管理实现智力水平的提升，就是要在学习中勤于思考，凡事多问"为什么"，从不同角度思考同一问题，真正掌握举一反三的能力，做到融会贯通；要多归纳、多总结，并在实践中对理论知识进行检验，做到知行合一；要持之以恒、循序渐进，讲究科学方法。切记，一切提高智力水平、积极训练思维的方法，都要经过长期坚持方能卓有成效。只要我们将方法运用得当，坚持不懈、逐步积累，终将拥有满意的收获。

（四）心理素质

心理素质包括诸多方面，如人的性格和气质、意志品质、情感品质和情绪、认识能力等。心理反映客观现实，是人的生理结构（尤其是大脑结构）的特殊机能。心理健康的程度，能够通过心理素质的高低反映出来。具体而言，在心理健康方面，有着较差心理素质的人更容易出现问题，而有着较好心理素质的人则更能保持健康状态。心理素质在人的整体素质中既处于基础地位，也居于核心位置，并且日益成为决定人们生活质量、事业成败、身心健康的关键因素。对于个人而言，能否拥有成功人生，心理素质是一大关键。因此，良好的心理素质也是大学生学习管理的重要方面。

某高校的一项针对大学生人格问卷UPI（University Personality Inventory）调查结果显示，大学生心理方面的问题主要表现为：理想与现实矛盾的失落感、心理优越感转变为挫折感、独立生活带来的无助感、人际障碍造成的孤独感、专业定向不适合的失意感、学习目标缺乏的空虚感、学习过程不适应的紧张感等。学习管理就是要求大学生找到自己的问题所在，调整心态主动适应大学学习生活。建立自信，是适应大学生活的心理状态，同时，明确学习目标也可以使我们找到大学生活方向。因此，大学生可以在管理学习的过程中，运用已有的知识和能力，自觉确立学习目标、探寻学习方法、了解学习规律并合理规划自己的学习来提升自己的综合能力。

（五）身体素质

人们常说的"体质"，就是对身体素质的简称。人的生命质量以身体素质为基础。从体育锻炼层面来看，身体素质主要包括五方面，分别为灵敏、柔韧、耐力、速度与力量。人们常说，"身体是革命的本钱"，如果一个人缠绵病榻，那么也很难有力气进行学习。所以，在学习管理中，当代大学生应当增添重要一环——身体素质的增强。大学生应当选择合适的锻炼项目，将终身体育、健康第一的思想观念树立起来，在自身发展中纳入体育锻炼、合理膳食的内容。

三、学习管理的意义

学习管理的目的是促使大学生有效地学习，并通过自主自觉学习来获得知识和技能，以及提高智力和非智力水平。它对于大学生来讲有重要的现实意义。

（一）为自我健康发展奠定基础

通常情况下，人的职业生涯发展被划分为四个阶段，分别为职业准备与选择以及职业生涯的早期、中期和后期。

大学时期正处在职业准备与选择阶段，因此学习管理是做好职业生涯设计的前提和基础。从社会发展和用人单位对人才的要求来看，他们更钟情于综合素质高、专业能力强的复合型人才，也愈发强调员工的主动性与创造性才干，更加喜欢对事业发展有规划和有准备的人。从大学生就业调查情况来看，那些从入校开始就有明确发展目标，制订了周密的、科学的学习管理计划，并坚持不懈地实现学习目标的学生，在就业市场上往往成为用人单位争抢的对象。这部分学生也可以在这样的氛围中，有更多的选择机会，找到理想的工作，为整个职业生涯发展打下一个坚实的基础。反过来，大学中也有这样一部分学生，在校期间，没有明确的学习目标，没有自主地进行学习管理，一味地混日子，到头来，不仅得不到用人单位的青睐，有的甚至根本完不成学业，被大学校园无情淘汰。由此可见，从入校开始就明确学业发展方向，制订学习管理计划并为之奋斗，作为奠定大学生一生的良好发展基础，是何等的重要。

因此，在学生入学时，有必要建立起做好学习计划的概念，做好学习管理，为自己健康发展开好头、起好步。这既是对自己的现在负责，也是对自己的将来负责，为自己将来能够真正承担起个人、家庭、社会的责任奠定基础。

（二）有助于发掘自我，促成自我实现

大学生在恰当的学习管理与有效的学习计划的引导下，能够对自身潜在的、现有的资源优势以及个性特质有更清楚的认知，能够对自身价值进行重新认识并不断实现"增值"，能够对自身不足与长处综合地展开对比分析，能够将明确的未来职业理想与学业发展目标树立起来，能够对个人目标与现状的差距进行评估，能够学会在学习管理过程中如何应用切实可行的措施、运用科学有效的方法，实现自身学业竞争力的不断增强，最终达成学习目标、实现人生理想。

一个人成功的职业生涯是以一份良好的学习管理计划为前提和基础的。我们很难想象，一个抱着"当一天和尚撞一天钟"的心态、浑浑噩噩度日的人能实现自己的高层次需求，能感受到人生成功的快乐。

因此，大学生应该是自己人生、事业、学习的规划者，更是学习的管理者和实践者，为自我设计蓝图，为实现自我价值做好准备、创造机会。当然，没有学习管理计划，大学生也可能毕业，但有了有效的学习管理计划，获得成功将更加容易。

（三）激励自我，防止消极情绪

大学不仅是"象牙塔"，也是"小社会"，对于大学生而言，大学四年是走向社会的过渡阶段。如果大学生能将良好的学习管理计划制订出来，就能为日后步入社会提供充足前提条件，打下坚实基础。当然，对于大学生而言，大学也是十分理想的生活、学习环境。

步入大学后，很多学生从升学压力中解放出来，个人空间、时间迅速增多。大学学习不似高中那般封闭、枯燥，更具开放性、能动性，以及有着很强的目的性，学生可以根据自身情况，学习那些自己感兴趣的课程，对专业知识进行有针对性的学习。尽管"卸去压力、一身轻松"，然而失去了压力，动力也很难产生。学生应当认识到，在走入社会时，将面临激烈竞争和巨大的就业压力。因此，大学生要将与自己发展进步相符合的学习管理计划尽快制订出来，不断让自己获得更多知识、提升更多能力，更好地与社会需求相适应。

（四）夯实专业知识，学会思考

美国教育家斯金纳说过："如果我们将学过的东西忘得一干二净，最后剩下来的东西就是教育的本质了。"[①]这些"剩下来的东西"就是靠自己的学习，通过思考的能力能够完成的。大学不是高中，更不是培训班，而是让学生能够独立思考、将来有能力适应不同职业的教育和成长平台。在大学学习期间，我们在夯实专业知识的基础上，最重要的还是要学会独立思考和看待问题的方法，进而能够独立解决问题。

所以，一份合理而有效的学习管理计划，能够在学习和思考的方向上起着重要的导航作用，让大学生在学习的过程中学会思考，使他们将来能够更好更快地适应社会。

第二节　学习习惯与学习方法的养成

大学学习与中学学习有着很大的不同，表现在大学的学习依赖性减小、主动性增加，强调主动学习、全面学习、创新学习，培养终身学习的意识和能力。就大学教育内容而言，它属于专业性教育，对专业知识、基础知识进行传授，因而相较中学阶段，大学教育的知识更具广度与深度；就学习方法、教学形式而言，大学的教学通常"提纲挈领"，在课堂上，教师不会事无巨细讲解所有

---

① 斯金纳. 科学与人类行为［M］. 北京：中国社会科学出版社，1999.

知识，只会着重讲解重点以及分析疑难问题，剩下的知识则需要学生课后自主学习、理解、攻读。因此，在大学，学生有大量时间进行自学。所以，对于大学生而言，"自学能力"是应当习得的基本能力，可谓必不可少。尤其是刚刚踏入大学校园的大一新生，在开始大学学习的一刻，就要深刻而清醒地认识上述内容，有意识地对自己的自学能力进行培养。

学生应当注意到，大学四年的学习，不能如初高中一般，只知道跟在教师后面，服从教师的教学安排与计划，不能仅仅关注课堂上的教学内容，被动接受灌输、被动学习，而应当对自身的主观能动性进行充分发挥，挖掘自身的学习潜力，根据自身实际情况制订学习计划、明确学习目标、完成学习内容，对学习方法进行自主选择。大学生要在大学学习的全过程贯彻落实这种充分体现自主学习性的方式，当离开大学校园后，它仍然会对自身学习、生活产生影响，可谓"受益终身"。

因此，大学生在管理自己的学习过程中要适应这种变化，养成良好的学习习惯，并采取有效的途径、方法去管理自己的学习。

一、学习习惯

播下一个行动，收获一种习惯；播下一种习惯，收获一种性格；播下一种性格，收获一种命运。可见，行动养成习惯，习惯铸就性格，性格成就命运。也就是说，一个人的行为习惯长时间地影响着自己的性格甚至一生的命运。那么，作为当代大学生，如何去培养好习惯，需要养成哪些好习惯，又怎样去养成良好的学习习惯呢？

（一）好习惯的培养

习惯是一种长期形成的思维方式和处世态度，它是由一再重复的思想行为形成的，具有很强的惯性，一经形成，就难以改变，因而对人的影响重大而久远。

通常而言，在有计划、有目的的训练中，习惯得以形成；除此之外，习惯也能自发形成于无意识的状态中。然而，良好的习惯总是形成于有意识的训练中，而非无意识的状态中。因此，培养好习惯不是一件轻而易举的事。正所谓

"变坏容易变好难"。从这个意义上讲，培养好习惯需要我们不懈地努力。

培养好习惯，应注重把握四大原则。

第一，明确好习惯的内涵和意义。只有搞清楚什么是好习惯，理解好习惯对做人做事的重要影响力，并把它与不良习惯区分开来，才会有培养好习惯、克服坏习惯的强烈愿望，也才能找到培养良好习惯的正确途径。

第二，对自身的不良习惯进行排序分析。克服一个坏习惯，培养一个好习惯，往往是一件很难的事。因此，应首先对自己的不良习惯加以罗列，写出"不良习惯一览表"，明确哪些不良习惯是最制约自己进步、成长的，因而是最应该、最急需克服的，从而分清主次，理智、有序地克服坏习惯。

第三，制订计划，逐一实施。人的习惯是多种多样的，包括工作方面的习惯，也包括学习、健康、感情、与人相处、思维方式或行为方式等方面的习惯。它像一棵大树，有干、有枝、有叶。因此，我们要对准备培养的良好习惯作统筹安排，列出计划，并逐一实施，循序渐进，由易到难，由近及远。

第四，抓好开头，严格自律。俗话说："万事开头难。""好的开端是成功的一半。"开始时要宁少勿多、宁简勿繁。先找一个做起来比较有兴趣、易见成效、易受自己和周围人关注激励的习惯，下大功夫，坚持到底。这样做容易成功，还可以培养信心，为下一步活动打好基础。要特别注重第一个月，根据美国科学家的研究，一个好习惯的养成需要 21 天，90 天的重复会形成稳定的习惯。一个观念如果被验证 21 次以上，它就会形成你的信念。美国著名教育家曼恩说："习惯像一根缆绳，我们每天给它缠上一股新索，要不了多久，它就会变得牢不可破。"

培养好习惯，还应做到"君子慎独"。就是在你独处或独自行事时，要谨慎自律，坚守道德信念，自觉用道德规范或良好习惯约束自己的言行。长此以往，好习惯就会自然养成。培养好习惯的方法很多，也往往因人、因环境条件而异，但以下方法对我们有较大帮助。

① 明确目标法。当前要培养的好习惯具体是什么，应有一个明确清晰的目标，这样才能有的放矢，事半功倍。与之相对的坏习惯是什么，也应有一个清醒的认识；如果这类坏习惯已经存在，就应对症下药，加以克服，以扫清培养

好习惯的障碍。

②潜意识输入法。把要培养的习惯"输入"头脑，了然于心，强化信念，潜意识就会不时提醒自己去完成。这是一个费力不多却很见成效的方法。

③视觉刺激法。把要培养的习惯制成卡片或画成图形，然后牢记于心，再贴于墙头、门上或桌上等醒目易见之处，以刺激视觉，强化效果。

④行动强化法。对要培养的习惯，应不断实践，反复练习，坚持到底。要反复对自己说"我做得到！""我要去做！"不断给自己加油打气。如果能连续行动21天，好习惯就不难形成。

⑤他人协助法。把要培养好习惯的计划向亲朋好友宣布或许诺，并请他们协助或督查，也会有不错的效果。

⑥综合训练法。好习惯的培养，需要个人有良好的素质条件。因此，要注重提高自己的思想道德素养、文化科技素养、心理健康素养、科学思维素养，为良好习惯的形成创造良好条件。

（二）大学生需要养成的几个好习惯

习惯就像潺潺细流，总能滋润两岸草；习惯有如习习微风，总能催开三春花。有良好习惯的人，总能自觉地去恶从善，总能使周围的人感到愉悦。有良好习惯的人，并不需要特别的契机，而往往能处变不惊、处乱不慌、转危为安，甚至把危机转化为转机。有良好习惯的人，并不需要刻意表现自己，那种较高的文明素养、文质彬彬的君子风范、进退自如的雍容大度，自会散发出独特的个人魅力，赢得人们的认可和赞誉。那么，大学生应养成哪些好习惯呢？

1. 要培养积极思维的好习惯

现实中，我们的各种活动往往都是在被动地应付各种需求，因而被迫进行思考。其实，养成良好的习惯，需要我们改变被动思考的习惯、养成积极主动的思维习惯。作为青年大学生，尤其应养成积极思维的好习惯。怎样才能养成积极思维的习惯呢？当在实现目标的过程中，面对具体的学习或工作任务时，大脑里永远不要有"不可能""完不成"的想法，应积极思考"我怎样才能做到"用积极的思考和有效的方法，来完成任务。

2. 要培养强身健体的好习惯

健康是福。健康是革命的本钱，是成功的保证。拥有健康就拥有一切。但保持健康，需要养成科学生活、强身健体的好习惯。

锻炼身体的重要性已经越来越多地为人们所认识，但很多人只停留在思想上重视、行动上乏力的阶段。大学生虽然处于年轻力壮的黄金时期，但同样需要爱惜和强健自己的身体。要坚持体育锻炼，培养一至两项体育爱好，如跑步、打球等；要养成良好的作息习惯，早睡早起；要养成良好的卫生习惯，勤洗衣服、勤洗澡，注重个人卫生；要有良好的饮食习惯，不抽烟酗酒，不暴饮暴食，吃健康食品。这些都有利于保证我们有足够的精力去学习知识、享受生活。

3. 要培养善于读书的好习惯

读书使人充实，思考使人深邃，交流使人清醒。虽然"万般皆下品，唯有读书高"的时代已经过去，但养成不断学习的好习惯永远不会过时，它是打开你成功大门的金钥匙。

热爱自己的学校，热爱自己的班级，积极参与社会活动和学生工作，不仅可以锻炼自己的社会活动能力，更重要的是，在这些活动中，还可以展示自己的才华，并得到他人的认可和帮助。

（三）大学生良好学习习惯的养成

在学习过程中，学生通过反复练习，形成一种个体需要的自动学习行为方式，并不断加以发展——这便是"学习习惯"。良好学习习惯的养成，对激发学生学习的主动性、积极性、自觉性可谓大有裨益，有助于制定学习策略，提升学习效率，培养自主学习能力、创造能力、创新精神，能够让学生终身受益。

学生想要做好学习管理，就要对自身心态进行调整，与大学生活的变化相适应，养成良好的学习习惯。大学生良好学习习惯主要体现于如下方面：知行合一的学习实践、全面学习、创新学习、自主学习。相对应的，从知行合一的学习实践、全面学习、创新学习、自主学习中，也能渐渐培养出良好学习习惯。

1. 自主学习

在当代信息社会中，由于知识、信息量地不断增长，每个人都需要不断地学习而且必须有效地学习。在吸收前人优秀的学习方法、关注以知识积累为主的传统学习模式的同时，还要培养学习的独立自主性。自主学习正是这样一种能满足时代要求的学习形式。

大学给予了学生更多的自由支配时间和更多的自主权。同学们必须对此有一个清醒的认识，明确这种"自由"不是用来打游戏的，而是利用充分的时间和空间在知识的海洋中遨游，不断地充实自己、完善自己、实现自我。实际的大学生活中，有的学生对这种"自由"理解错误，滥用这种"自由"，整天忙着看小说、沉迷于网络游戏，学习上缺乏动力、缺乏自觉性，表现出一种"厌学"情绪；有的学生以为上了大学就是进了"保险箱"，糊里糊涂过日子，浑浑噩噩混文凭；有的学生因为专业不如意而郁闷、情绪低落，对学习打不起精神。如果学生能够在大学阶段屏蔽种种干扰，专心学习，将学习的主动性牢牢掌握在自己手里，积极、主动学习，定能学有所成。因此，对大学生来说，树立自主学习的意识非常重要。大学生应通过自觉确定学习目标、自我钻研学习内容、自我选择学习方法、自我监控学习过程、自我评价学习效果来实现自主学习，并持之以恒地坚持下去，使自主学习成为一种习惯。

2. 创新学习

创新学习是将学习过程看作一种探索活动、一种创造性的劳动过程。不仅重视对基本知识、基本方法的掌握，更注重对所学知识的批判意识、综合意识的发展。它是在继承前人知识的基础上，对知识进行发展、开辟、创新，注重知识的发展性，追求"青出于蓝而胜于蓝""踏着前人的肩膀向上攀登"。它以掌握前人知识为起点，以应用并且发展知识为目标，注重知识的发展性，在提高应用能力的基础上培养创新的能力和技巧，讲究"推陈出新"。创新学习要求大学生在学习管理过程中要有探索未知的激情和冲动、敢于对陈规旧说提出质疑和批判、重视实践、善于总结，并将这些作为一种学习习惯坚持下去，这样才能做到创新学习。

3. 全面学习

从就业市场反馈的信息分析，用人单位对人才的要求正日益提高，因此培养综合素质高、实践能力强的复合型人才已成为高校新的工作目标，也是同学们努力的方向。这就要求大学生在管理自己的学习过程中有全面学习的观念。既要通过学习对一定的专业知识进行掌握，又要踊跃参与各类实践，不断提升自身的素质与能力，最终实现全面发展的目标。

为对学生的综合素质进行培养，使之与全面学习的需要相适应，很多高校都调整了课程计划，增设了大量选修课，这无疑为大学生全面学习提供了条件，但是要取得真正的效果，还需要同学们树立全面学习的观念，同时在行动上也要努力实践。大学生应该看到，随着知识经济时代的到来，世界的科技与文化，如自然科学、人文科学、社会科学等方面都呈现出高度融合的趋势。因此，大学生要树立并强化全面学习的观念，在全面学习的过程中养成良好的学习习惯，才能以博才取胜，适应 21 世纪的发展需要。

4. 终身学习

当今时代是知识经济时代，知识激增，信息的内容和载体日趋多样化，知识老化的周期越来越短，因此仅凭在校所学的知识，也许可以应对一时，但不可能支撑一生。因此，我们每一个人都无一例外地要树立终身学习的理念，并努力践行。

作为 21 世纪的大学生，为适应 21 世纪的公民和新型科技人才的需要，应调整好心态，自觉树立终身学习观，并在大学学习阶段，养成良好的学习习惯，做好终身学习的准备，为终身学习打下坚实的基础。

5. 学以致用、知行合一

大学，是运用知识创造知识之处，也是面向社会、走向社会之所。因此，一个合格的大学生在大学阶段应做好两件事，即学会学习、学会做人。经过长时间的摸索，以及与老师、同学的交流，大致可以概括为学以致用、知行合一。

学以致用、知行合一既是学习的目的，又是学习的一种习惯。学以致用是指为了实际应用而学习，学是指学习；致用是指将知识运用到实际当中，也就是理论联系实际。在中国古代哲学中，"知行合一"是实践论与认识论的命题，主要涉及道德实践与道德修养层面。学以致用、知行合一，重点应该还是在"行"和"用"上面。就算我们学得再多，研究得再透彻，只要不运用，那么只是"死学""死读书"，这样白白浪费了时间和金钱，没有一点好处。只有真正地运用，才能实现我们学习的最终目的。因此，当代大学生在学习管理过程中，要在"学以致用"的指导下形成比较正确的学习目的与良好的学习习惯，不为学习而学习，更不为考试而学习。同时要加强自己的道德文化修养，培养高尚的情操，树立牢固的团队精神与集体意识用来指导、规范自己的言行，做到"知行合一"。

二、大学学习方法

告别中学阶段，迈向大学阶段，学生正在经历人生重大转折。大学生活与中学生活不同，要求学生在学习上保持高度自觉，在思想上做到自我教育，在管理上能够化被动为自治，在生活上不依赖旁人而具备自理能力。同时，相较于中学学习，大学学习也有极大差异，不论在学习要求、学习方法还是学习内容上，都是如此。如果学生想在大学四年习得本领、收获知识，不仅要一以贯之地刻苦学习、勤奋付出，还要与大学教学规律相适应，对大学的学习特点进行掌握，找出适合自己的学习途径，依托行之有效的方法对自身学习进行管理。

大学期间，学生不仅要通过学习掌握专业知识与基础理论，也要着力培养自身的各种能力，提升综合素质。除此之外，大学教育的"职业定向性"十分明显，所以，大学生还应当让自己具备强大的对问题进行分析与解决的能力。

总的来说，在对自己的学习进行管理时，大学生要着重培养自身自学能力，懂得如何独立地对学习时间进行支配，做到生动活泼地学习、主动自觉地学习，培养自己的表达能力、组织管理能力、创造能力、思维能力，让自己能够更好地在未来适应社会，满足社会对人才的需求。

（一）在课堂与实践中学习

一个人一生有很多学习机会，然而从大的方面来说分为两种，即课堂学习和在实践中学习。不同的学习环境带给我们不一样的感受和收获。我们除了在课堂中学习理论知识以外，更多的是理论联系实践，理论指导实践。在实践中不断对课堂中学习的东西进行证明、理解与吸收。

1. 课堂学习

大学生学习专业知识、实现科学文化素质提升，"课堂学习"是主要途径。

因此，大学生必须早日适应大学课堂学习，对大学课堂学习策略进行充分掌握，实现自身学习效率的提升。

　　具体而言，大学的学习包括预习、听讲、记笔记、课后温习、完成作业、答疑、复习、考试、实验、实习、毕业设计等。而预习、听课、做笔记则是大学课堂学习的三个基本环节。在开始大学学习时，每一名大学新生首先要明确的是不同学习环节所具有的作用、特点以及对学生提出的要求，从而更好地对各环节的学习方法进行掌握，顺利完成大学学习任务。

　　（1）预习

　　在大学学习中，预习是第一个环节。所谓预习，简单来说就是学生在上课之前应当完成的准备工作。大学课堂教学有着非常丰富的内容，且如前所述，教师主要采用跳跃式、提纲挈领式的授课方法，在讲解、分析很多问题时，不会事无巨细，而是点到为止。与中学教学不同，不会耗费大量时间对某个公式、定理进行反复论证，再让学生反复练习对知识进行消化理解。大学课堂教学，对逻辑思维更为重视。所以，学生要充分预习，对课程重难点进行明确，对课程内在联系与前后关系进行了解，对所学内容做到心中有数，如此方能将听课的主动权掌握手中，继而实现事半功倍的学习效果。相反，假如学生不曾预习，对教师讲授的内容十分陌生，无论从逻辑思维还是思路方面都难以跟上教师的讲解，那么将难以对知识的重难点进行透彻领悟，也难以理解知识点之间的关系。凡是会学习的学生，都会从自身实际情况出发，有针对性地完成好预习任务，在听课时充分发挥自身主观能动性，对课堂内容进行全面掌握。

　　（2）听课

　　在学生学习过程中，"听课"这一环节是最重要也是最主要的，毫不夸张地说，在学习各个环节中，"听课"处于中心地位。这是因为，教师主要通过学生的听讲，将教学内容向他们传授。在教与学交流过程中，"听课"是主要渠道。大学教师教学与中学教师不同，中学教师在对相同理论、定理进行讲解时，通常不惜花费几节课时间，而这些内容也都存在于教科书上；大学教师则不然，仅仅对教材上的基本概念、理论进行讲解，不一定全部讲完教科书上的内容，在教学过程中，常常会融入学科发展的最新观点、理论。

通常来说，大学教师会采用自己的教学方法开展课堂教学，常常会重新组织知识，对以往积累的教学经验进行总结，收集大量课外资料进行，提出最新的学术观点，对教学内容进行丰富。假如学生未能将"听讲"这一学习环节牢牢抓住，未能重视在课堂上教师传递的大量信息，毫无疑问，将错失获取知识的良机。单靠学生自己，是很难对这些观点、经验、知识进行收集学习的。所以，大学生必须对"听课"环节予以高度重视。

（3）记笔记

对于课堂听讲而言，记笔记也是非常重要的一方面。一方面，记笔记能够对教师讲解的知识重难点、主要内容、补充内容以及知识点之间的逻辑关系进行记录，还能够帮助学生进一步梳理、理解教师在课上传授的知识，更好地消化它们，使之成为自己的知识。

如前所述，大学教师在课堂授课，并非一板一眼地对教科书上的知识进行讲解，而是会在授课过程中添加很多补充内容，这些内容既包括新观点、新思想，也包括重新组织、总结后的知识，还涉及重难点的解析，所以不容忽视、至关重要，学生应当记录下来。

"记笔记"这一环节，从本质来看，需要学生一边听讲一边记录，大脑、手指、眼睛同时"发动"，能够让学生更快速、更有效地理解知识、消化知识，将听讲的主动权牢牢掌握在自己手上，同时，也能行之有效地避免上课"开小差"，让学生更好地集中注意力，随着教师的讲解不断学习、思考，获得理想课堂学习成效。需要注意的是，"记笔记"并非简单摘抄、重复教师授课内容，其中应当体现学生自身思考、理解以及对知识的提炼与加工，从而真正化教师授课内容为自身所得，为日后复习提供更多便利。

具体而言，课堂笔记应当涵盖如下内容：

① 对教师的方法与思路进行记录。通常来说，思路能够对教师分析问题、推导结论的思考线路进行反映。学生在做笔记时，将教师的思路记下，能够行之有效地启发思维，实现分析、解决问题能力的提升。特别是对于工科学生而言，在对例题进行讲解时，教师往往会重点对解题方法、思路、技巧进行讲解。学生应当详细记录这些内容，据此对知识进行理解与复习。

②对教师的提纲或板书进行记录。通常来说，课堂板书是这节课所学内容的纲目。主讲教师需要事先对教材内容进行钻研，并以此为基础总结出这些纲目，因而课堂板书是对该节课知识结构、知识要点的反映。学生将板书记录下来，对自身理解课程内容、掌握知识要点以及课后复习是大有裨益的，也有助于对课程知识体系的构建。

③对重难点进行记录。一堂课的时间往往是固定的，为了尽可能多地传授知识，教师也会有着较快的授课速度。学生很难在笔记中记录下教师的所有授课内容。所以，学生应当在做笔记时分清主次，做到有针对性、有目的性、有选择性，对教师授课过程中的重要内容、观点、理论进行记录，也可以将教师新颖的、富有特色的、精彩的观点、语言记录下来。有些东西可能难以全部记下，此时学生就可以先写下关键词和要点内容，下课之后再逐一补齐。

④对补充内容进行记录。如前所述，在讲课时，大学教师不仅对教材中的内容进行讲述，还会对课外内容进行适当补充。毫无疑问，这些内容中蕴含着学科领域的最新研究成果以及教师独到的见解，有助于学生对教材内容更好地进行理解，也有助于学生开阔视野、启迪思路。因此，学生也要及时对教师补充的内容进行记录。

除此之外，在上课过程中，由于老师不断指引、启发，学生很可能迸发思想火花，顿悟一些想不明白的问题，或是产生自己独有的心得体会，对所学知识有新理解、新认识、新观点。学生应当对这些"思想火花"进行捕捉与记录，在课后进行更细致、系统的整理、理解与思考，乃至完成新的创造。当然，上课时，如果学生产生疑惑，无法及时询问老师，大可以先记录在笔记中，课后再和同学讨论或者向老师请教。

（4）复习

复习是学习过程中的一个重要环节，是对已经学过的知识的一次再学习，它是巩固和深化所学知识的一种有效手段，使已经获得的知识系统化，形成合理的知识结构，它对强化记忆能力、提高学习效率有重要意义。

大学学习与中学学习的一个明显差别，就是大学里所学的知识成倍增长，一个学期开六七门课程，教材内容加起来有两三千页，这么多的内容只凭按部就班地学是很难掌握的。不善于复习巩固和记忆的人，常感到越学越多、越学越乱、越学越被动。如果能在学习过程中，经常进行复习，不断地总结归纳所学内容，把学过的东西整理一下，把有关概念、思想、原理和分析方法条理化、系统化，这样就可以做到书越学越厚、越读越薄，抓住了所学内容的精华和各部分内容之间的内在联系，就会融会贯通，应用起来得心应手。

2. 走进实验室

受传统教育观念的影响，我国在教学中注重学生的解题能力。学生在动手方面的能力，与发达国家相比存在着一定的差距。动手能力的培养就是要培养学生实验的能力，从实验目的出发，选择合适的器材，设计合理的实验方案，从实验的结果中得到合理的结论。这都是培养学生动手及创新能力的基础。

大学里有大量的实验室，有先进的实验设备，有系统的实验教学计划、详细的实验教学大纲，有充足的独立操作的机会，并且很多实验室还是全天开放的，大学生千万不要错过这么好的机会。

大学的实践教学环节主要包括如下内容：课程设计、课程实验、毕业设计（论文）、毕业实习、教学实习等。走进实验室，对大学生成长成才，将理论用于实践，提高分析问题、解决问题和动手能力具有非常重要的作用。那么，我们应该以一种怎样的态度、怎样的行动，走进实验室呢？

做实验前要进行充分的预习，仔细阅读《实验指导书》，领会实验目的，掌握实验原理，明确实验步骤、方法及注意事项，并提出疑难问题。对于综合性和设计性实验项目，事先还要亲自设计实验方案，分析实验难点。总之，不打无准备之仗，否则，走进实验室就只是走个过场，毫无收获可言。实验开始时，要检查实验仪器和用具是否齐备、仪表量程是否合适、接线是否正确等。多人实验时可以有分工，但每人都要操作一遍，不要懒于动手。

实验过程中要带着问题积极思考，对实验现象要仔细观察，对出现的问题要独立分析、独立解决，实在"百思不得其解"的，可以请老师提示后自己再动手解决。只要明白了其中的道理，再加上勤于动手，就一定会在实验中有所收获，也才能真正体会到自己的设想、构思被实现，理论被验证后的愉悦。

实验完成之后要认真整理和总结实验记录，分析实验数据，检查疑难问题是否全都解决了，还有些什么问题尚待解决，有些什么收获，最后按要求写出实验报告。

（二）在实践中学习，在竞赛中检验

人总要在实践中不断进步，不断提高，只有一次次不断地实践，我们才能一次次地进步，而竞赛是检验这种进步的重要方式。

竞赛是在一定的规则下的竞技活动，如今的竞赛活动已涉及各个领域，无论是奥运会，还是当下流行的"美国偶像""超女""快男"等选秀节目，其实都是一种竞赛。所谓"无规矩不成方圆"，那么，就需要制定一定的规则和制度，让所有人在这个规则和制度中一决雌雄，也只有通过这样的竞赛，才能让所有人都心服口服。

每个同学都有自己的天赋和特长，怎样利用并发展好自己的优势呢？我们可以选择在大学里参加适合自己的学科竞赛，大学校园里的科技竞赛活动，就是一个知识应用与技术创新的科技实践活动，在竞赛的过程中可以经历一个创新项目的构思、设计、组装、运行、实现、检验的全过程，可以体验团队协作的集体智慧和力量，你可以体验一次队与队之间竞争的跌宕起伏，同时也可以证明自己运用知识解决问题的能力和水平，所以，参加科技竞赛是不断锻炼自我、证明自我、完善自我的最好的实践过程。

（三）向社会学习

相较于中学，大学有着更多的学习形式，这是显而易见的。中学阶段，学生有着较为简单的学习形式，获取知识的主要途径就是课堂学习。但大学学习则不然，学生能够选择丰富多彩的学习形式进行学习。不仅能够在课堂上学习，还能够通过课程设计、社会实践活动、毕业设计、大学生社团活动、互联网、科研活动、学术讲座、实验课等形式习得知识，实现自身能力提升。

社会是个大舞台，是世界上一所没有围墙的最大的"大学"。一方面，同学们可以通过参与社会实践获得丰富的知识，锻炼自己的能力；另一方面，同学们上大学的目的就是用所学服务社会、贡献社会。所以，大学生应该积极地

投身到社会实践中，向社会学习。

参与社会实践活动是主动式、参与式、体验式学习的方法之一，它对大学生知识能力结果的形成和完善大有裨益，也有助于大学生活综合素质的提升。

参加第二课堂学习、大学生社团活动和社会实践活动，也是学习的极好形式，对培养大学生的组织管理能力、社交能力、语言表达能力和专业技能，起到了积极的促进和完善作用。例如，参加校园里的大学生艺术团、校园广播电视台及篮球、足球比赛等各种活动，积极参加科技、文化、卫生"三下乡"及社会调查等活动，对培养和教育大学生，使他们树立正确的人生观、世界观，开阔视野，拓宽知识，陶冶情操，提高他们的文化素质和身体素质，学会专项技能，培养业余爱好和特长，起到了很好的帮助作用。

（四）用网络学习

伴随着科学技术的不断发展和进步，我们已经步入了一个全新的社会——信息社会，而支撑信息社会的重要的基础设施就是计算机网络，可以这样说，计算机网络已深刻地、全面地改变了我们的学习、生活和工作方式。

互联网为大学生带来了开放共享的意识、全球化的眼光、全新的学习理念、广阔的生活和交往空间，以及拓展创新素质的培养平台，但与此同时，也给大学生带来了不容忽视的负面影响，应引起足够重视并尽量避免不良影响。在网络环境下的当代大学生，要加强对网络信息的甄别，让自己能够在复杂的信息环境中，提升独立思考、独立分析的能力，提高去伪求真、去粗取精的能力。只有这样，才能在网络环境下不迷失方向，健康成长。

（五）向成功人士学习

大学生在学习过程中，要学会学人之长。"三人行，必有我师"这句古训在读小学的时候就知道了，其实学人之长是一个进步的捷径，尤其是向成功人士学习。大学生在学习管理的过程中可以关注一些成功人士的案例并从中获得启发，去学习成功人士的优良品格。

第五章　时间管理

　　所谓时间管理，指的是通过运用一定的工具、方法、技巧以及事先规划，有效而灵活地运用时间，最终完成组织或个人设定的目标。当一个人擅长对时间进行管理时，就能对工作量方面的任何重大变革进行快速适应，迅速而准确地重新确定工作的先后顺序。本章对时间管理进行阐述，包括大学生时间自我管理的内涵及意义、大学生时间自我管理的技能构成、大学生时间自我管理的技能开发、大学生时间自我管理的评价四部分内容。

第一节　大学生时间自我管理的内涵及意义

一、大学生时间自我管理的内涵

　　时间自我管理，从广义来说，包括对个人时间、他人时间、社会时间、历史时间的统筹、协调，为社会更好地服务。从狭义来说，一般只指个人对时间的管理，即将个人有限的生命时间高效地利用。

　　时间管理并不神秘，实际上人人都在自觉或不自觉地实行时间管理。比如我们每天都在用的课表本身就是一种时间计划表。可能你已经制订了一个时间计划，今天早晨干什么、晚上做什么等等，即使没有形成计划，但在头脑中时时都会对"下一步"进行计划。时间自我管理与这种自发时间管理有区别，时间自我管理是指人们具有强烈的自我时间意识，强调对时间进行高效、有序的管理与控制，特别重视对脑力劳动时间的量化分析与科学管理。大学生的时间自我管理是指大学生这一特殊青年群体，为对大学时间进行有效而充分的利用，以实现自身良好素质的培养、更多知识技能的掌握，从而计划、组织、控制自我时间的一系列活动行为。

二、大学生时间自我管理的意义

从本质来看，人属于一种时间的存在，一方面，人在时间中生存；另一方面，通过时间，人得以存在。

生命的一维性取决于时间的一维性，虽然不同的人有着不同的人生道路，然而却拥有一大共同点，那就是每个人都无法重复、逆转自己的生命历程，无法重新走一遍人生道路。

对每个人来说，生命只有一次，生活无法重演，历史无法重写。正因为如此，当时间从身边匆匆而过的时候，能否及时把握好时间，时间自我管理是至关重要的。

罗马尼亚青年学家马赫列尔把青年、成年、老年放在一维时间的轴线上进行比较，这个比较对于我们从生命的客观过程了解青年的特点，有一定的启发意义。他认为，人会面临过去（经验领域）、现在（存在领域）、将来（发展领域）三个时间领域，青年所具有的特点便是"过去与未来不对称"，其未来的领域要远远大于其经验的领域；成年人有着相对平均的三个时间领域；老年人则与青年人恰恰相反。所以，马赫列尔认为，未来是青年所固有的。对于老年人来说，与未来相联系，似乎已经太晚，其有着越来越少的可做计划的时间，或者说，他们向往的未来，更多地已经成为过去；对于成年人来说，尽管他们不断向未来迈进，但是身上的担子却越来越重，受到的限制也越来越多；对于儿童来说，与未来相联系还言之过早，因为他们还需要对现在进行更多的认识与把握；唯有对于青年而言，未来这一因素才占据主导地位，也就是说，青年人有把握选择的最大可能性与最广阔的展望性前景[1]。从这一角度看，青年实施时间自我管理对于整个人生的发展更具有特殊的意义。

针对大学生的具体情况，大学生实施时间自我管理、开发时间自我管理技

---

① 马赫列尔. 青年问题和青年学［M］. 陆象淦，译. 北京：社会科学文献出版社，1986.

能的意义主要表现在如下几方面。

（一）是培养应变能力的需要

21世纪社会瞬息万变，新事物、新问题、新观念层出不穷。适应现代生活，必须善于应变。现代大学教育目前也正处于高新技术革命时代的背景下的巨大变革时期，教育的传统思维模式渐渐被打破，一种新的、自觉的学习机制将取代以往的学习方式，个人的知识结构也将向更广阔、更自主的组合方式发展，自由度更大，选择性更强。因此，大学生这一教育主体，应当拥有对事物变化进行果断把握的能力，能够将事物的发展方向与本质牢牢抓住，在不断的变化中对自己的学习目标进行及时调整，制订新的学习计划与时间表，并付诸行动。这就要求加强大学生的时间管理技能，否则，大学几年匆匆而过，你还在变化的十字路口犹豫不决，浪费了时间，最终的学习目标也没有达到。

（二）是立即实现自我调适的需要

对于大学生而言，当他们迈进大学校园的一刻，就已经处于人生重要转折点上。与中学相比，大学不但所要学习的内容多、所要掌握的信息量大，而且学习的方式大不一样，教师的培养方式从"家长式"转向"指导式"，即不再是手把手去教学生如何去做而是指导学生自己掌握处理个人活动的各种技能。尽管大学许多活动都是以时间表的形式设定好的，如课外作业、课堂学习、课间活动、课外娱乐、实验、上下课路途花费时间等等，但是这些错综复杂的时间有相当大的弹性，是可伸缩的。也就是说在大学，学生的自主学习时间更多，不过，对于很多大一新生来说，很难适应这一点，因为他们已经习惯于老师、家长来管理他们的时间，当时间的管理权由自己来掌握时，反而不知所措，不知如何运用时间。再加上入学后，原来的目标（考大学）已经实现，原动力也就消失了，又未能补充新的动力、新的目标，时间利用的盲目性就更大。很多同学就是由于没有尽快实施时间自我管理和开发自我管理技能，一大把时间白白地浪费了。每当完成一天、一星期、一学期的学习之后，很多同学会发现自己对于时间的计划、运筹、实施的能力是那么有限，总是留下我当时如果怎样的话，现在就会将时间利用得更好之类的遗憾。因此，对于大学生而言，掌握时间自我管理技能并实施时间自我管理，有助于快速适应大学学习与生活，有助于有效度过大学求知阶段。

（三）是抓住时机的需要

我们先看这样一则小故事：哲学家苏格拉底带着他的学生走向麦垄，对其学生说：向前走，摘最大的麦穗，只许进不许退。有的学生就埋头前行，总觉得最大的还在前面，一直到尽头也没有找到最大的那一棵；有的学生一路走一路摘，看到一棵又觉得手中的并不是最大的，又把手中的扔掉，到了尽头也没有一棵是满意的。这时，苏格拉底苍老的声音响起来：这麦地里肯定有一棵是最大的，但你们未必能碰见它，也未必敢下断语，其实，最大的一穗是你手中摘得的那一穗。

故事闪烁着哲理的光辉：对未来有一个美好的追求，并不排斥对理想的追求，也不排斥那种矢志不渝的、不达目的誓不罢休的精神。然而，我们也要珍惜机遇、直面现实，对眼前的机遇进行把握，找到自身与需要的结合点。从本质来看，对于个人而言，机遇是历史的时间恩赐，虽然即便未能把握住机遇，我们也能实现预期目标，但势必会耗费更多精力与时间。

掌握时间管理技能、实施时间自我管理能帮助我们抓住时机，尽可能不浪费时间，提高时间资源的利用效率以及合理利用时间资源的能力。

第二节　大学生时间自我管理的技能构成

技能是智力的表现形式之一，是人们运用知识和智力成功地进行社会活动的本领，它在人们的智能结构中发挥着效应转换器的作用。技能和知识能力之间存在关联，一方面，不经过学习和实践获得知识就不可能有更高的技能；另一方面，技能又制约着知识能力掌握的程度。时间自我管理技能是大学生应该掌握、运用的一种最基本的技能，是合理、有效运用时间资源的保障。从广义范围来看，它不仅包括一些具体的技能，还渗透了现代时间观念的确立；从狭义来说，主要包括时间自我管理目标设定，时间自我计划、组织、控制、实施、反馈、修正等一些具体技能。

一、现代时间观念的确立

（一）守时的观念

守时是时间自我管理的最基本观念，一个善于自我管理的人，必定首先是一个有时间观念的人。

北宋著名史学家司马光少年时，曾别出心裁地锯了一段圆木作为自己的枕头，名之曰"警枕"，因为以此为枕，只要一翻身，圆木就会滑而打转，人自然就会被惊醒。每次警枕惊醒司马光之后，他就起床读书。康熙皇帝在他的座右铭中写道："不可一日不写字，不可一日不看书。"国画家齐白石手书条幅："不教一日闲过。"美国创造工程学家奥斯本的行为准则是"日行一创"。这类事例，举不胜举。珍惜时间，培养自己的时间观念，才不会虚度光阴。

守时本身就表现了一种诚信、敬业、责任感强的素质，不懂得守时，就不懂得珍惜时间，不懂得尊重别人，就更不懂得充分地利用时间，就没有办法取得比常人更多更出色的成就。

（二）效率的观念

所谓效率，通常是"多"和"快"的概念，也可以说是"投入"和"产出"相比较的概念，当我们说一项任务完成得快，在同样时间内，工作做得多，或者以较少的"投入"得到较多的产出时，就被认为是效率高。无论是技术的发展，还是管理科学的研究，无一不是致力于提高效率，"效率就是生命"。

对于大学生来说，要进行时间自我管理，效率观念是至关重要的。在我们的校园内，效率观念不强直接影响到时间自我管理的运作。很多同学制定了学习时间表，但浪费时间的现象却屡见不鲜，如因为想多睡一会儿，上课可以迟到；因为吃早餐，可以晚几分钟进教室；因为老乡有约（没有什么特殊事情）可以不去上课；因为周末回家，周一早晨的第一节课就睡了觉或者干脆不返校。

三年、四年的大学学习时间本可以掌握更多的知识和获得更高的技能，却因为效率观念不强、时间的大量浪费，致使效率低下而留下遗憾。

（三）有效性的观念

所谓有效性是指由各种行为产生的有效结果。大学生时间自我管理不仅要注重效率，更要注重有效性。否则会出现效率越高，效果越差的结果。我们可以通过全国人大环境与资源保护委员会研究室主任吴季松博士 70 年代末在法国原子能委员会工作期间的一个小故事来说明这个问题：在特诺核研究中心利用计算机进行分子运动的模拟计算时，吴季松看到计算结果清单中空白纸太多，就将它们收集起来。他的法国同事同他谈到：他的小时工资应是 50 法郎。"小时工资"这个概念对于中国人来讲都没有切身体验过，他 1 小时收集的白纸最多值 10 法郎，与他 1 小时应做的贡献相比是微不足道的，这是时间的无效利用。

这是一种思维方式和时间观念的现代演绎，我们正是应该拥有这种新观念：利用我们的时间做正确的事。也就是说，检验一个人对时间利用的好坏，不光是看"做了多少事"，更重要的是看"做了多少正确的事"。

二、时间自我管理的技能构成

遵循现代管理的基本原理，时间自我管理应由下列技能构成：目标设立、计划、组织、控制、反馈、修正等技能。

（一）目标设立

1. 目标设立的内涵

时间目标设立是指着眼于将来，设立方向和效果，是为自己实现目标合理组织时间和管理时间提供方向的一种技能。

没有方向和目标，所有的活动项目和取得的结果都可以说无效，即缺少了衡量效果的标准。如果你没有提前设置目标，再好的学习方法都是不起作用的。

具体来说，目标应具有下列五个特性，才会对时间自我管理起到导向作用，否则，即成为海市蜃楼，可望而不可即。

（1）目标表述不应模糊，必须准确、具体。

（2）目标要有相应的量化标准。

（3）目标的标准不应遥不可及，是通过努力可以达到的。

（4）目标必须有一定的时间限度。

（5）目标的结果应当能够经受住时间考验。

2. 目标设置的分类

目标设置与目标实现的时间间隔相联系，按时间实现的长短来分类，可以分为长期目标、中期目标、短期目标；按照实施计划包括的范围大小，可以分为总体目标、阶段性目标、子目标；按照活动项目分类，可以分为综合素质目标、社会实践目标、身体保健目标、学习目标等。当然，这些项目还能被继续细分。举例而言，我们可以将学习目标划分为各科目的目标。

3. 目标设置的步骤

不管设置何种目标形式，都应对下列步骤进行遵循。

（1）对自己多问为什么

在对具体目标进行设置之前，不妨问自己这样几个大的问题：我为什么来到这里学习？我想学到什么东西？毕业后我将从事什么工作？或者我将选择什么性质的职业？

进入了大学校园就意味着开始了一次"旅行"，但与距离的旅行不同的是时间的旅行。在时间之旅中，将逐步实现自己的将来。每个人的将来依赖于今天的计划和行为，对将来的考虑越具体、越清晰，那么，目标的设定就越接近实际。

（2）设置总体目标，对总体目标分类

也许对这个问题，你感到模糊，那么首先考虑清楚某些与你学习有关的问题，然后再设置总体目标。

总体目标在某种程度上是和长期目标相对应的，但又不完全相同。总体目标包括较大的范围，是一系列目标的总体，既可以是长期目标的总体，也可以是中期、短期目标的总体，也可以是各个项目目标的总体。因此，它的最基本特征是它的可分解性。

总体目标的设立又是相对的，它可能是较大范围目标的一个分解部分，我们给分解的目标定义为子目标。比如你在大学期间的总体目标是成为三好学生，但这一目标对整个人生来说不过是一个子目标。

每个人的总体目标都是多极的，因此，我们要将若干个总体目标分类。例如，某位同学在入学以后确立了这样的一系列目标：英语通过国家四级，计算机通过程序员考试，其他科目达到 B 级，去图书馆看一些有意义的书籍提高自己的阅读水平，锻炼好身体，交几个好朋友，参加各类学校团体活动提高自己的综合素质，等等。那么，我们可以将以上目标分成更为综合的大类：学习类、课外生活类、社交类、素质提高类等。这样，总体目标不至于过于繁杂，便于对大块时间进行分配。

（3）将每类总体目标分解，逐步落实

每类总体目标都是相对于整个大学阶段将达到什么水平而设定的，这样，对于每学年来讲，每类总体目标就有了阶段性目标，将阶段性目标进一步分解成子目标，然后逐步落实子目标。反过来，每个子目标的落实就意味着阶段性目标已经实现，每个阶段性目标实现意味着总体目标的实现。

如何将目标分解呢？我们通过下列案例加以分析。

假如你是经济学专业的一年级学生，经济学课程达到 B＋是你的庞大的学习目标中的一个分支，假设除了期终考试以外，其他环节都已经完成了，而且，你的平时成绩是 B＋。那么，你考试的总体目标就是这门课拿到 B＋的成绩，你目标才会实现。所以，你的进一步工作就是将这一目标分解成逻辑性强、分割的子目标体系，你可以做这样的目标分解：完成课程笔记的复习，完成课程作业的复习，完成平时阶段性测验的复习工作。列举这则例子并不是说如何去学习一门功课，而是说明如何将目标进行进一步的分解，将目标分解得越细致、越详细、越具体，那么，计划实施起来就越容易。

（二）计划

1. 计划的内涵

计划就是在事件尚未发生之前，为了取得好的实施效果，对应于个人任务对未来时间做出相对合理的分配。计划是为了实现系统目标，与时间自我管理系统目标相联系，是合理、有效地利用时间资源的有力保障。计划越全面、越周密，就越能接近实现或完全实现自我管理目标。它最大的优点和目的是节约时间。投入很少的时间资源在计划上将会节约更多的时间。虽然日常活动和学习是不断变化的，计划绝对精确是不可能的，但如果是因为掌握了计划的技能，每天能够节约三十分钟时间，那么计划就是有效的。按照计划实施日常学习、生活、活动有助于减轻任务的负担，轻松地去应付每天的任务。

计划技能包含两个方面的内容：一方面，对实现总目标、子目标的各环节的活动进行合理的筹划；另一方面，将时间结构和各活动一一对应，列出时间计划表。

计划的目的不是为了计划时间而计划，而是为了目标，一般应遵循下列原则：

（1）计划要有机动性，按照 60:40 规则去分配时间。即仅对你的 60%的时间做详细计划，其余 20%机动，另外 20%不做详细计划，只供备用。

没有一个计划是独立的，它和过去的计划，以及将来的计划都是有关联的。制订有机动性的计划，可以有一部分时间对过去计划进行休整，又留出一片空间给自己去考虑将来时间的分配以及不可预计事件的发生，同时又可以及时弥补实施过程中的偏差。

（2）计划要有优先性，即将重要的事务优先办理，在时间计划中重点体现，对相对不很重要的事务可以安排相对少的时间耗用量，对不重要事情拖一拖再办。这样，便能做到有的放矢。

（3）计划要与学校、教师、同学（尤其是同宿舍同学）的计划相协调。如果与其他个体计划冲突将会影响计划的实施进程而起不到节约时间的目的。

（4）计划要切实可行，立足本人的实际，制定自己能够完成的计划方案。否则，计划只是一个摆设，没有实际利用价值。

（5）长期计划和短期计划相结合。

2. 计划的分类

与目标相对应，按照时间自我管理过程长短来分类，分为长期计划（一般

为 3~5 年或者更长)、中期计划 (一般为 1~3 年)、短期计划 (一般为 3 个月~
1 年)、临时计划 (一般为 1 周~3 个月)。按照范围来分类,分为总体计划、
阶段性计划、子计划;按照计划的内容分又可以分为学习计划、身体保健计划、
课外生活计划、阅读计划。

3. 计划制订的步骤

(1) 时间记录和跟踪

与计划的对象相反,时间记录和跟踪是对过去时间利用情况的分析。这一
步骤的目的是帮助你了解时间到底去了哪里。

每隔一定时间 (一个星期、一个月、一学期、一学年等) 就对过去时间的
利用做出回顾,并做出记录表。这一步骤可以加深自我时间管理的认知。比如,
有的人经过回顾之后,发现有的时候,本来是做数学作业的时间却被用作玩电
脑了;本来是想去图书馆,半路却被同学拉去打球了;周末本想整理一下一周
的学习、生活收获,却被同学拉去一起看电影;许多人直到考试前几星期才发
现自己并没有遵循时间自我管理计划去做,很多复习计划堆到一起。不管你是
否存在这样的情况,这一步骤都会有助于调整下一步时间自我管理计划,使它
更好地执行。

应用时间跟踪记录表是相当直接的。在每一时间单元末的时候,记录你在
这一单元里做了什么。如果有特殊情况发生,再做出备注。然后,将这一表格
与你的计划比较,在以后做时间自我管理计划的时候吸取教训,以降低无计划
的事务对计划表的影响程度。

时间记录表是制订计划的基础,首先要对记录表中的时间归类分析。例如,
将活动内容分成休息、学习、课外活动、社会交往、图书阅读、吃饭、体育锻
炼等。一星期后,将每类时间耗用量以周为单元计算出来,这样,便得到到底
在每种生活领域各花费了多少时间。最后,如果发现与计划不同,找出原因。
是因为计划制订不符合实际要求的,调整下一星期的计划;是因为客观情况造
成浪费的,以后,尽量减少此类情况发生。

(2) 将过去未完成的任务表和未来任务表列出,并对人任务进行分类

用整个时间段 20%的时间给过去未完成的任务,剩余时间用来对将来任务

进行计划。

将任务按照重要性原则分类，分为重要、次重要、非重要和可以忽视事件。

（3）选择计划方式

对应于任务的轻重缓急，选择合理的计划方式是必要的。大多数大学生一般入学后都会着手制订时间利用计划（时间自我管理计划），不同的计划方式的选择会产生截然不同的效果。哪种计划方式会真正起到优化时间的作用呢？

从大学生接触较多的时间单元划分来看，一般有这样几种方式：日计划、周计划、月计划、学期计划、学年计划、三年（或四年）计划等。在以上这几种计划方式中，各有其利弊：比如日计划容易制定和实施，但离总体目标可能太远，容易与总目标偏离；学期计划和学年计划比较容易把握目标，但计划制订时很难准确地确定每种任务具体应花费多少时间，实施起来比较困难。大学生活是相对独立的，而且不是一成不变的，一年级忙于基础课学习，二年级忙于专业课学习，三、四年级时间较为自由。要适应这些变化，自我时间管理目标也应做出相应变化。这样，一种计划方式的单独应用就不能满足要求了。

周目标任务表和月计划表的结合应用恰恰能弥补单种计划方式的不足而起到切实可行的作用。大学生是以一周课表为基本时间单元进行管理的，因此与此相协调，以一周计划为基础制定短期目标，合并月计划表，就会目标明确、活动具体、操作性增强。

第一，制订周计划。我们举一个例子来说明这一问题，假设本学年你的目标之一是取得心仪的学习成绩。这学期有一系列的考试，其中有一门是一年制的微观经济学。你可能已经设定了学期目标为这门课取得B+或A的成绩，这学期已经到了复习的时候。复习周目标分解的结果是：整理课堂笔记、列出复习提纲、做复习题、熟记主要内容。每一个任务分解不仅含任务本身还结合其他活动：去图书馆查资料的时间、有意义的电视节目时间、娱乐时间、社会活动时间、吃饭时间、休息时间等。其中，最重要的任务是做复习题、熟记主要内容，根据以往时间记录表你可以确定为四个单元时间（意思是，三个单元时间应用于做题、背诵复习，其余一个单元用于相关其他活动）；次重要任务是整理课堂笔记，列出复习提纲，可确定为三个单元时间（两单元时间用于整理笔记和列提纲，其余用作其他活动）。这样，一星期七个单元时间的安排就落实了。再应用日计划去落实每一个单元时间的具体活动就相对容易多了。

第二，落实月计划。目前有很多学生都在应用月计划进行自我时间管理，在周计划的基础上，月计划是最小的时间段了，它是大的目标和更小目标的结合点，应用月计划进行时间管理是在现在和目标完成日之间，设置更为明确的阶段目标和活动时间量度，这既不会造成目标空泛、活动时间量度不准确和遥不可及，又不会造成目标过于细小、时间分配过于细小和失去方向作用。这样月计划的时间周期比学期周期要更有紧迫性，易于克服惰性的一面，不至于到学期末一周才会意识到很多工作还没做，临时抱佛脚，导致到最后无法实现学期总目标。

一般每学期包含 20～22 周，4 个月左右。不容置疑的是，大学生主要的任务应该是课程学习，因此，首先依据课程表、考试时间计划表、论文（设计）计划、实验计划等，同时考虑学校和自己阶段性的活动安排（一周以上的周期），比如重要约会、回家、纪念日、生日聚会、假期等制订周计划，将它们落实到月计划中。那么，在你的学期总目标计划下，就有四个或者五个月计划目标，对应于这几个子目标，依据步骤一对每个项目时间进行测度，月计划表就制定出来了。例如，在每个月除了周计划，可以对每门功课安排二至三个单元的阶段性复习，每两周安排一个单元的大型健身活动，每月回家一次与家人沟通，每月去见一见老朋友，每月去逛一次书店，等等。总之，活动项目和活动时间计划应依据自己的实际情况制定。

将月计划表和周计划表很好地结合，就可以制定出切实可行、主次分明的活动计划来。

（三）时间组织

1. 时间组织的内涵

时间的组织简单来说就是对时间进行合理安排。它首先以目标正确、计划得体为前提，是计划技能的进一步深入和进一步落实。在技能构成中处于承上启下地位。如果没有对时间进行有效组织将直接影响到计划的实施和决策的控制，从而影响到整体目标的实现。

时间组织的总的原则就是节省时间、提高效率。例如，动脑筋的事与花费体力的事可以交叉进行，以调节身体的各部分功能，不使自己因长时间从事一种劳动而感到疲倦；能够归类尽量归类，以避免重复劳动；有因果关系的工作必须编好顺序；可以同时进行的工作尽量同时进行；等等。计划中可用三个单元时间学习、一个单元时间锻炼身体、一个单元时间放松，那么并不是先集中三小时学习，再去一一完成其他工作，而是将它们有机结合起来，穿插进行，这样效率会有所提高。

组织技能掌握得好，可以提高计划实施的效果。曾经有这样一位同学，他的计划都是较为得体和严密的，但总没有取得效果，他的学习效率并没有因此提高。经过观察他的日常生活，终于找到了原因：他总是刻板地去执行计划，比如，今天晚上，他安排了两个单元的自习时间、一个单元的听音乐时间、一个单元的锻炼身体时间。他首先去学习，然后再去锻炼身体，最后听音乐，没有将时间计划很好地交叉结合。如果将学习单元适当地加入听音乐，听音乐时穿插锻炼项目，那么就可以既提高效率，可能还会节省时间。从这个角度来看，组织技能应当是计划技能的延伸、深化。

2. 时间组织的方式和步骤

每个人时间组织都有自己的特殊方式，因此，以下所提供的方式并不一定是适合你的，但求对你的方式有所启发。

（1）将计划时间分为开始、过程和结束三个单元。

（2）分别对三个单元的活动进行分类、优化组合。

例如，以一天的时间组织为例，基本上可以将一天分成三个组织单元：一天的开始，一天的过程，一天的结束。下面分别来看一下每一单元所遵循的原则。

一天的开始：以积极的态度迎接每一天，按时起床。每天早晨问自己这样几个问题：我能够怎样刺激自己学习的乐趣呢？今天我又接近我的目标了吗？与繁重的学习对应，我能为自己的健康做哪些事情？我应当怎样掌握我的学习内容才会提高我的综合技能？

按时吃早餐然后毫不拖延地去从事计划好的学习及其他工作，为今天所有的工作做好充分的准备。

检查自己的日计划，看今天有什么特殊任务，在一天的初始做最重要的任务；然后和同学、老师协调自己的计划。

一天的过程：努力协调重点和紧急的事件，紧急的事件并不一定是重要的，可以找借口用其他时间再去处理；避免无计划的和突发事件发生，不要经常偏离计划轨道，去处理琐碎的事务性事情。

有规律地安排休息时间；休息是为了更好地高效地完成计划，因而应当注意适当适时地休息。

将一段"真空时间"建立起来，从而专心致志地将计划中最重要的工作完成，避免任何人打扰，同时将已经开始的工作及时完成。

一天的结束：将收尾工作完成，对一天的计划执行情况进行检查，该做的事不要拖到明天去做，比较实际学习、工作效果和计划效果。

组织安排第二天的任务，力求比前一天更有组织。以积极的心态去休息，为新的一天全力充电。

如果对时间进行跟踪，每个人都会发现这样一个很容易被忽视的问题：每一天总有那么一些时间不知道用去做什么了，这些时间往往是零散的，如果不能很好地组织它们，日积月累也会浪费很大一部分时间。

在校学生的零散时间基本有这样几个方面：排队等候时、课间休息时、路上时间、被突然打断时和上床睡觉后的几分钟时间等等，有意识地去利用这些零散时间对大学生时间观念确立和自我管理时间组织是很有好处的。

据有关统计，在人的一生中，用在排队等候的时间大约为 8 年。我们要好好利用这些时间。例如，在图书馆检索处，在借还书处，在等候公共汽车时，在排队买票、买饭时，在公共汽车上塞车心烦时，甚至在排队时漫不经心地看着前面人的后脑勺等，在这些时候如果可以带着随身听，听一下生动有趣的专业讲演磁带或者回忆刚刚学过的几个外语生词或者是课程提纲，那么这些琐碎的时间就被节省下来了。

因为已经有了课表，课间休息的时间就时常被时间计划或组织的时候忽略了。大学里，接触专业教师的时间是有限的，与其课后花费时间去教师家中或者打电话解疑，不如利用课间的机会。当然，这需要在前一天对课程做充分的准备。课间还是放松自己的最佳时机，选择适合自己的、能够达到效果的休息方式对实施计划和时间利用效率的提高是有帮助的。

（四）控制

1. 控制的内涵和意义

控制就是时间自我管理个体在实施计划的过程中对自己的情感、行为、环境等各方面恰当地控制，从而保证计划顺利运行的一种技能。有了合理的计划和周密的组织环节先行，如果没有对时间和自己行为的控制，不去很好地遵从和实施，那么，计划和组织只是纸上谈兵。不要因为一些可有可无的理由将已经计划好的事情推到明天，"今日事今日毕"。无论何事，要努力在计划时间内将它做完。

"今日事今日毕"的控制原则在我们时间管理的过程中起着十分重要的作用。计划如果仅仅成为计划，不经过控制就会成为心理压力甚至思想负担。只要能按照计划和组织的程序努力控制计划的执行过程，说做就做就没有积压事件的烦恼，也就没有了时间不够用的烦恼。

同样地，在计划执行过程中，对自己情绪、情感的控制也是很重要的，如果仅仅是因为心情不好而忘掉自己的计划或者推迟计划的完成，那么，计划的实现就会更多地带上人为色彩，实际上等于虚设。如果在心情不好或者心烦意乱时，在不影响计划的基础上将计划调整一下，重新对计划进行组织，比如将休息时间或者娱乐时间与学习时间调换一下。既不影响效果，又不影响计划的全面执行。

2. 控制的内容和步骤

控制的环节包含以下三项任务：检查实际情况，是否你已经达到预期的目标？对比实际完成情况和你的预期目标，你达到了目标的什么程度？采取积极的措施避免偏离目标，你怎样使结果趋近于你的目标？

一般可以按照下列步骤实施控制：首先，列出计划中一天里最重要的任务。

其次，列出所有的一星期或者一天内的"实际履行情况"和"期望取得效果"。最后，反思下列问题：如果取消这项活动会如何？是否可以忽略掉这一活动的一部分可否用更短的时间完成这些活动？

在一天结束时，你要回顾你的任务完成效果，回忆这样一些问题：今天有什么事和人阻碍了我的计划？计划在什么地方受到阻碍？什么时候我做出了没有依据计划的行为？如果我是我的同学、老师将会怎样评价我？我今天学到了什么？什么事带给了我快乐？今天是否又接近了我的目标？今天什么计划我没有完成什么原因？今天，我又获得了哪些经验？

在每一天计划结束时，解决上述问题，对于及时避免计划偏离目标，采取控制手段是必要的，可以保证整个计划实施不偏离预定轨道。

（五）反馈及修正

1. 反馈、修正环节的内涵和意义

反馈是指时间自我管理者在实施计划过程中及时收集有关信息以确保计划合乎实际、有效地运行的一种技能。修正是指时间自我管理者利用反馈环节的信息，对计划及时调整或者获得更有效的计划经验的技能。

反馈和修正是在计划执行的过程中，结合实际情况，了解到计划环节与实际的差距，反馈影响计划执行的信息，不断修正时间计划表，使之更接近于客观实际，使计划取得更优效果的一种技能手段。两个技能互相关联、互相制约，为计划设立和计划执行提供信息和经验，是计划有效运行的保障和向更高一级循环的手段。时间管理的最终目的是实现预期的计划目标，并不是为了管理时间而管理时间。因此，反馈、修正这两个技能环节是必不可少的。它们主要反映了管理原则中的动态平衡原则和反馈控制原则。在管理时间的过程中要注意管理效果的信息反馈，以便随时调整管理的计划，使目标不断向高一级滚动、不断接近实际，达到优化。

2. 反馈、修正的步骤

首先，对那些会对计划进行产生影响的资料进行收集；之后，及时获取有关计划执行的信息；最后，对经验进行总结，以便更好地制订下一步计划。

第三节 大学生时间自我管理的技能开发

一、优先管理的含义

为了顺利地利用计划、组织和控制等自我管理技能，对自我时间进行有效管理，还必须掌握一些特殊的管理技能和方法。其中最重要的就是优先管理的方法。

通常也将优先管理称作是第三代管理，这是在现代社会中十分流行的一类管理方法，这类管理方法所具有的特点就是十分讲究顺序观念，也就是说通常会根据所要办的事情的轻重缓急来设立自身的目标，之后再按照所制定的目标逐步完成，对优先的时间和精力重新加以分配，以争取效率的最大化。从本质上来说，这虽然是一种进行时间优化的方法，但是对效率却又不是十分关注，这是因为过于强调效率只会产生相反的效果，如果时间要求得过紧，就会导致人们只关注于眼前的工作，而忽略了人与人之间的交往，同时也是无法满足个人需要的。由此看来，优先管理的核心思想就是：不被时间所牵绊，要学会自我管理时间，完成自己的制定的目标；除此之外，还有自己的想法和目标，要能够对于自己的未来目标提出清晰的规划和想法，只有抓住时间的人才能够最终成功；做事情之前要学会轻重缓急，按照事情的重要程度来完成；要学会利用别人的时间，这在一定程度上也是可以提升自己的时间利用效率的；有效利用时间的基本步骤就是如何制定一个好的计划表。由于计划得体，往往会大大地提高工作效率；时机是有效利用时间的一大资源，抓住时机，不要让时间从指缝中溜走；创造充分利用时间的气氛和环境。

二、优先管理的实施步骤及技能要求

优先管理的具体实施步骤及技能要求可分析如下。

（一）按重要性和紧迫性对所有可能的活动进行分类

一般来说，重要性所针对的对象都是我们所制定的目标。由此看来，凡是有利于后期实现目标的活动都是具有一定重要性的，否则就是不重要的活动。例如，你在大学的目标是获取更多的专业和职业知识、技能，那么，谈恋爱、睡觉、看电视就不是你的重要活动。当然，这里没有绝对的分界线，而且有时是错综复杂的。如打篮球是重要还是不重要活动？应该说它是重要活动，因为打篮球是为了锻炼身体，有了好的身体才能更好地学习。但它不是很重要的，因为它与学习活动只是一种间接关系，或者说是一种辅助活动，或者说它是一种必要条件，但不是充分条件，有了好身体不一定就能获得很多知识。紧迫的事情是迫在眉睫、必须马上解决的事情。它也许与你的目标无关或者有关，对你来说是不重要或者重要。例如，教师要你通知考试不及格的同学晚上开会，对你来说是不重要的。又如下周的期末考试复习对你来说是重要的。根据事情的重要程度，我们可以将其大致分为四类：其一为重要而紧迫的事情，如期末考试的复习和有期限的任务报告等；其二为重要但不紧迫的内容，如人际关系的建立、锻炼身体或没有完成期限的作业等；其三为不重要但紧迫的事情，如要打的电话、老师交代的任务和学校举办的要参加的活动等；最后为不重要且不紧迫的活动，如睡懒觉和玩游戏等。下面对各种活动进行简要分析。

1. 重要而又紧迫的活动

重要而又紧迫的活动对于大学生来说是很多的。要清晰地列出这些活动，必须清楚你的目标系统。不同的目标，其包括的活动类型和范围是不一样的。如果你希望毕业后找一个好工作、好职业，那么你整个大学期间非常重要而又紧迫的是学会做事。所谓会做事就是具有从事某种工作的本领或者说某种职业的知识和技能。例如，当今信息时代，软件开发者是社会急需的人才，它是一个很诱人的职业，若你想成为一位优秀的软件开发商，那么在大学期间、在毕业以前你就要全心全力地学习软件开发商所需要的一切知识和技能。而在学会做事的过程中，你还面对着一系列小范围的重要而又紧迫的事情，如即将到来的考试、实验报告、作业等。

2. 重要但又不紧迫的活动

对于希望毕业后求得好职业的学生来说，学会做事是重要而紧迫的事，但是，事实上，学会做人也是一项很重要的事，尽管它相对于学会做事来说显得不是如此急切需要掌握。学会做人就是学会处事的能力，包括培养自己良好的道德、法律意识习惯、良好的心理素质以及人际关系。这类活动往往是很微妙的，比较容易被人们忽略。更为明显的例子是期末考试问题，它对大学生来说是重要的，但是因为距离目标实现时间长，很多同学很少花时间去思考这个问题。因为它们不需要马上解决，所以往往被放到一边，直到考试前几天，重要不紧迫的考试变成了亟待需要你亲自解决的事情，但这时才去处理就被动了。这是很多同学考试作弊的一个重要原因。因此，不要忽略这类事情，用控制的原则和技能，按照计划步骤去实施，才会取得计划的有效运转。

3. 不很重要但紧迫的活动

这类活动通常是应付不速之客，回某些电话和信息，执行老师交给的某些任务、家长交给的事情，参加学校举办的受欢迎的活动，等等，处理这类事情会使人进入偏离目标的误区。试想，如果我们因为事情紧急或者有压力就去实施它，事先并没有考虑事件对于计划来说是否重要，是否需要优先处理的话，那么最终计划实施势必不尽如人意，或者根本偏离。

解决这类问题很简单，在遇到这类事情时要保持清醒，首先想一想这个事件是否会是重要事件如果不去做它会有不好的结果吗？如果答案肯定则调整计划马上实施，如果否定则可以取消或者让其他人去办理。

4. 不重要而又不紧迫的活动

这类事情包括睡懒觉、不节制地看电视、玩游戏等等。这类事情往往是因为好玩、不用动脑筋而使人忘记了它们是否是计划好的、是否是重要的。其实这类任务本身不重要又不紧迫，对计划目标又没有贡献，却只会导致目标不能按计划实现。对于这类事情要控制它们的发生机会。

（二）按有效性和效率将所有完成的活动分类

前面对有效性和效率已进行了讨论。简单来说，所谓有效性就是做正确的事，所谓效率是用正确的方法做事。依据有效性和效率将完成的活动分成四大类：认真地处理重要的事情、不认真地处理重要的事情、认真地处理不重要的事、不认真地处理不重要的事。为更好理解这几类活动，这里做简要分析。

1. 认真地处理重要的事情——有效果、高效率

有效果、高效率地做事意味着首先找出什么是对你重要的事情，然后反复地做它，直到你圆满地完成它。例如，在大学期间，你的目标要求是各门功课达优，为此你实施时间自我管理，制订出良好的各门功课的学习计划。最终你每学期都评为三好学生，毕业时被评为优秀毕业生。那么可以说你的学习是有效果和高效率的。

2. 认真处理不重要的事情——无效果、高效率

当顺利地完成一件事后，我们都喜欢被别人称赞，这是因为它能满足我们的自尊心和虚荣心以及对自我能力的肯定的需要。尽管很多情况下，这些事情并不重要，但当我们受到表扬时，反而促使我们走向时间利用的误区，并使自己正确的目标无法实现。

3. 不认真地处理重要的事——有效果、低效率

很多同学都知道学习是重要的。因此，每天晚上学习到深夜，但第二天上课时却呼呼大睡。或者平时大把的时间用在闲聊、娱乐、谈朋友上，到考试迫在眉睫时再突击学习，结果是整个学期无效率可言。对待重要的事情采取不正确的方式，虽然做这件事会是有效的，但效率低下。

4. 不认真处理不重要的事——无效果、低效率

对于学生来说，凡是有利于你学习目标实现的活动就是重要的，反之就是不重要的。对于不重要的活动，我们不必付出更多精神去思考效率问题。过多思考如何对付同学、如何作弊、如何谈恋爱，对大学真正目标的实现并没有多大好处。

（三）利用柏拉图方式进行优先顺序确定

上面我们对各类活动依据急迫性与重要性、有效性和效率各分为四类，并列举了日常的一些事例，根据柏拉图原则，可以进一步加以区分（表5-3-1）。

表 5-3-1　四类任务组合

	紧迫	不很紧迫
重要	A 任务（马上处理）	B 任务（分阶段处理）
不重要	C 任务（酌情处理）	D 任务（抑制）

根据这一表格，将紧迫和重要的列为 A 任务（第一顺序），不很紧迫但重要的列为 B 任务（第二顺序），紧迫但不重要的列为 C 任务（酌情处理），不重要又不很紧迫的为 D 任务（避免处理）。实际上，上述的四个方格的组合也体现了高效率（低效率）和高效果（低效果）的组合。对紧迫且重要的任务做得好体现了高效果和高效率的组合，对重要但不紧迫的事情日常很少去做，则成为高效果和低效率的组合，对不重要不紧迫的事的处理则成为低效果和低效率的组合，对不重要但紧急事件的处理成为低效果、高效率的组合。从效果和效率的角度出发，高效果和高效率的组合是最佳的，应该排在优先位置。

（四）用柏拉图原理对经过排序的活动进行时间分配

我们通常也会将柏拉图原理，称作是"80:20 原则"，这也在一定程度上说明在一定的数量范围内，其中有些部分其实是具有很高的价值的。这个定理一经提出，就在多个领域内被完成了认证，同时在这些领域内被认定是真实有效的。通常情况下，对于生产活动的管理者来说，这就说明花费了 20%时间（输入），就会获得 80%的输出，但是剩下的那 80%的时间仅仅占据着最终产出结果的 20%。由此看来，可以按照这个理论将不同活动对于结果最终的目标结果分为三类，分别为 A、B 和 C 三档。

（1）A 任务：活动占比 15%，而实际在任务总结果中的贡献值则是在 65% 左右。

（2）B 任务：活动占比 20%，而实际在任务的总贡献值中的占比是 20% 左右。

（3）C 任务：活动占比 65%，在所有活动中的占比是最大的，但在最终的总贡献值中仅仅贡献了 15%左右的价值。

换句话说，如果从完成不同任务的时间来说的话，就是 A 任务应用 65%的时间，B 任务用 20%的时间，而 C 任务则是用 15%的时间。如果是针对大学生而言，基本上除去一天睡眠的 8 小时时间，剩下的 16 小时都是学生们可以自由支配的时间，按照上述的理论来说，大致有 10 小时用来处理 A 类任务，完成 B 任务的时间大概是 3 个多小时，C 任务的完成时间则是 2 小时左右，最不重要的事情尽量不应该占用大量时间去完成。但是，如果将学生们上课的时间刨除的话，可以推测出一天还剩下 8 小时左右的自由支配时间，其中 A 任务占据 5.2 小时，B 任务需要大概花费 1.6 小时，而 C 任务则应大概占用 1.2 小时。其中有一点应尤其注意，这就是 A 任务是最为重要的，同时也是需要保持最为清醒的头脑的，因而应将 A 任务的安排完成时间在如早上 6:00—7:30，晚上 7:00—10:30 等这些时间节点。

总之，划分活动类型，设置活动优先顺序和按柏拉图原则对 A、B、C 任务分配时间是大学生实现目标，有效、高效率地运用时间的重要技能，必须牢牢掌握。同时，还可以借鉴美国时间管理专家提出的节约时间的方法：

（1）丢掉不管：指的就是将那些与目标的完成没有关系的事情忘却掉、抛弃掉。

（2）拖一拖再办：指的就是将那些与既定目标稍微有些偏离的工作和任务暂时放到一边，它们或者是重要性不够，或许是资料不够完整，或者是具有不好的精神情绪，这类工作都应当放到较为空闲的时间去完成。

（3）委托别人去干：指的就是将那些不重要的事情交给别人，这样就能够将时间节约出来，才有时间去做更为重要的事情。但是这种事情的处理方法对于现代的大学生而言是不现实的，但是针对这类事情可以酌情去处理，当它们不再与目标事件发生冲突，就可以去处理了，如果仍然有冲突的话，就可以先搁置。

（4）自己要做的不能丢掉不管。

第四节 大学生时间自我管理的评价

一、时间自我管理评价的内涵

时间自我管理评价所指的就是行动者按照自己的实际情况，再加上定性和定量的分析，对最终的时间管理效果进行综合评定。这一行为的目的就是希望通过评判的结果来使人们明白时间存在的价值，在不断实践的过程中去探寻时间资源发展潜力，以通过对时间的输出方式、控制等行为的分析来使得时间的消耗值可以达到最低。

时间自我管理评价是对成果的评价而不是对活动的评价，也就是说，时间管理水平通过定量的时间消耗所获得的成果来评定。因此，时间管理的评价应遵循的原则是：

① 效率与有效性相统一的原则。只讲效率不讲效果，必然导致时间严重的浪费，而只讲效果不讲效率同样也浪费时间。

② 定量与定性相结合的原则。评价方法要尽可能量化，不能定量分析的也要做定性分析。并通过制定标准，规定程序，使之标准化、程序化。

二、时间自我管理评价指标及评价

时间管理的评价是通过评价指标来体现的，这种指标要能真实地反映时间管理成效。通常用时间效率（利用率）和时间有效性来衡量。所谓的时间效率（利用率）指的就是行为者在一段时间内进行的事情（有用的事或有用的活动）所花费的时间在总消耗时间的占比。

时间的有效性指标，反映的是在一定的时间或单位时间内，学生做正确事情的能力。它强调做正确的事情，活动才有效，否则不仅是浪费时间，而且活动也无效。

从这一角度出发，我们可以对时间管理的可能效果作出评价（表 5-4-1）。

表 5-4-1　时间管理自我评价表

自我评价内容	几乎从未（0）	有时（1）	经常（2）	几乎总是（3）
你是否倾向于： 1. 因不开心使任务拖延 2. 延迟不满意却必要的决定 3. 当遇到棘手的事件时，去别人那里寻求良策 4. 凡事都自己做 5. 能自己解决几个问题				
6. 上课迟到 7. 在未考虑好如何用最好的方式去处理事情前就已经着手去做 8. 为了其他事情打断现在的事情 9. 推迟已经开始的但棘手的任务 10. 不专心学习、走神				
11. 课外复习一至两个小时，中间不休息 12. 你经常被别人打扰，无法完成任务 13. 用处理最重要事情的时间去完成第二重要的任务 14. 仅仅因为兴趣去做并不属于自己的事 15. 仅仅因为不能说不而在任何时候承担任务				
16. 处理数不清的事物 17. 甚至不必要时也试图使事件完美 18. 想知道所有的事实 19. 仅仅因为被人劝诱就采取行动 20. 总是试图帮助其他同学做相关工作				
总计 将所有项目相加 得到你的总分				

　　上述 20 条项目都是当回答是全面否定，即栏目里的"几乎从未"时，也就是你的分数叠加为零时，你的时间管理有效性最强；如果最终得到的分数越高，那证明时间管理者的有效性还有待提升，如果最终达到或超过的 36 分，这就证明评定者的时间管理是不合格的。相反，当最终的总分低于 9 分，则证明时间管理能力十分优秀，9～21 分为良好，21～36 分为一般。

第六章　行动力管理

很多人不是缺少成功的思想和头脑，而是缺少行动，缺少严格的行动、科学的行动、有效的行动。本章的论述对象是行动力管理，分为行动力概述和行动力提升两节。

第一节　行动力概述

有人制订科学详尽的计划，却迟迟不见动静，很多奇思妙想，因为缺少行动，最终成为空中楼阁。如果只有想法，而迟迟没有去行动，那么就会造成很大的工作压力，与其他竞争对手相比毫无可比性，是没有活力的。如果一个人缺乏行动力，就说明这个人是缺乏生机活力，缺乏竞争意识，是很难长久发展下去、最终得到成长的。

一、行动力内涵

我们所认为的行动力，在百度百科上被解读为"策划战略意图"，只有具备极强的自制力和自律性，无时无刻不断挑战自己和突破自己，去实现自己所制定目标和理想，或者是当遇到因为自己能力不足而无法完成的事情，就制订计划去提升自己的能力，进而想办法去完成。这种能力从个人的角度来说，就是所谓的自制力；而从团队的角度来看，就是我们常说的领导力。"MBA 智库百科"对于"行动力"的定义就是，一个人不断按照自己所制定的目标去努力学习、思考和研究，进而最终获得成功的能力。在一些学者眼中，行动力所指的是那些可以激发个体行动能力和创作能力的一种驱动力，是可以驱使个体不断朝向自己的目标前进的一种内在驱动力，表现在外在层面上就是一个人对于机会的把握力和对于行动的持久力。一个人对于机会的把握能力，指的就是个体能够把握住自己眼前的机会，进而通过努力达成自己的人生追求目标；而个体的行动持久力则是一个人对于自己的目标能够持久坚持行动的能力。

一般来说，往往具有强行动力的人，对于自己的目标都是有着很清晰的计划和目标的，行动往往也十分迅速，目标明确，具有极强的毅力。由此，我们可以将行动力看作是一种体现个体生命价值的能力，拥有了这种能力不仅能够将理想变为现实，也可以将现实中许多难以解决的问题厘清头绪进而解决。

通常来说，个体的能力系统内涵的要素是十分丰富的，其中有想象力、记忆力、决策力、创造力以及行动力等。墨子曾经说过："志行，为也。"意思就是仅仅有想法和意志是不够的，同时还要付诸于行动之后，才最终能够取得一些成就。马克思也曾经在自己的著作《哥达纲领批判》中也曾经写到："一步实际行动比一打纲领更重要。具有较好行动力的人能够将设想、蓝图付诸具体实践，能主动面对工作任务，积极寻求解决问题的办法，以自己的行动推动工作进展，不怕困难和挫折，并敢于承担责任和行动后果。没有行动力，无论多么完美的梦想，都只能停留在虚幻的意识层面中。"[①]

二、行动力指数

所谓的行动力指数指的就是一种衡量个人达成最终目标的行为能力的指标，是一种通过的未来目标的制定能力，以及对于未来在每年、每月、每周和每日进行目标分解的能力和通过对于个体执行能力的评判，最终所得出的分值。一般我们会将行动力指数分为四个等级。

（一）入门级

处于入门等级的个体，一般是心中是十分有想法的，但是在主动性和行为的执行性上是十分欠缺的，缺乏冒险精神，对于在生活和工作中所遇到的困难都是采取逃避的态度。除此之外，这一等级的个体还十分容易受到外界风气和

---

① 艾四林，蒙木桂.《哥达纲领批判》研读［M］. 北京：研究出版社，2021.

潮流的影响，无法坚定自己的影响，同时对自己也缺乏信心，最终表现出来的就是行动力低下。

（二）初级

处于初级阶段的个体在行动的执行力上与上一等级相比略有提升，敢于主动迈开步子向目标前进，勇于承担自己的身上的责任；对于遇到的问题，也一般会运用一些方法尝试去解决，对于自己也是比较有自信的，面对困难和挫折也是并不惧怕，对于自己目前所树立的目标，开始制订相关计划去实施。

（三）中级

处于中级的个体与之前两个等级的个体相比，在勇气和自信方面都有所加强，敢于运用一些创新的方式去解决问题，勇于破除以往的传统模式和思想，因而对于一些现象和任务也产生了新的解决思路和想法。通常来说，这一类人都是勇往直前、十分敢于行动的，不会向后逃避。他们对于领导所安排的任务总能够及时完成，也能够正确对待在工作中所遇到的压力，有自己的方法去纾解。在平常的工作和生活过程中，经过长期的实践已经总结出了一套适用于自己的方法，能够有效运用相关行动工具，这对于日后目标的完成是十分有帮助的。

（四）高级

处于最高级别的个体所具有的极为鲜明的特点，就是企业家精神，他们愿意去冒险，愿意去牺牲，甚至愿意抛弃自己目前所拥有的一切去从头开始，就是为了实现自己的目标和理想。往往在面对困难和挫折时，他们也能够毫不畏惧，这就是具有极强行动力的一种表现。

三、行动力强的人格特征

（一）主动性

主动性指的是，个体在平常的工作活动中，能够主动去领取任务，能够主动与上下级进行交流，在这一过程中合作共同寻找问题的解决方案。

（二）推动力

推动力指的是，在个体面对派发下来的工作任务时，往往就会选择立刻执行，并带动自己的工作进度不断向前推进。

（三）冒险性

冒险性指的是，在面对一个新的问题时，个体会选择运用"创新"的方法去解决，想要破除传统因素对于自己的影响，同时在开展工作的过程中能够积极思考和总结，在遇到困难时也不怕失败，可以勇于承担自己行为所造成的后果。

（四）自信与坚持

自信与坚持指的是，个体有足够的自信和能力去完成任务，他们往往相信自己所做的事情是一定完美完成的，在平时遇到困难时，也具有极强的意志力能够克服。

四、常见的行动力缺失

（一）启动迟滞

通过对于平常学习和工作的细致分析，就可发现，其实是有许多青少年对于自己的未来都抱有十足的期待，当然他们可能也制订计划去完成，但实际上，他们却缺乏行动力，以至于表现在外在上就是行动迟缓，做事情时也缺乏心理上的紧迫感，以至于大大延长了目标完成的时限。除此之外，他们中的一部分也同时可能会出现过高估计自己的情况发生，他们认为自己只要在短时间内就可以完成自己的任务或目标，这可能也是他们工作缺乏紧迫感的原因之一。另外，他们做事情还有这样一个特点，那就是没有主次，往往分不清事情的重要程度，也分不清事情可能会对当今后所产生的影响。当他们认为时机还没有成熟的时候，是不会贸然去采取行动的，为了获得更加完美的结局，就只会选择继续等待。当他们对自己的能力产生怀疑时，认为自己只有借助他人的帮助才能够继续下去。在他们看来，时间拖延得太长了，就认为已经错过了完成任务的最佳时机了，等到再次想起来时，就会又会陷入怀疑和犹豫的循环之中。这些青年们往往都对于未来抱有十分美好的愿望，但是因为他们往往缺乏行动力，只能在遗憾和消极的情绪中放弃对于自己未来目标的追求。

（二）中途放弃

平常就经常可以看到，有人在工作或学习的过程中只要一遇到挫折，就会立刻产生消极情绪，这是人们的脑中已经无法再清晰地思考和解决问题了，总想要去绕开问题。与此同时，其中还有一部分人一旦看到实现目标的路很漫长，就会开始自我怀疑，或是有的人难以集中自己的注意力，如在写实验报告的过程中拿起手机刷微博或追剧，这就是十分典型的一个例子。在平时，还有这样的一部分人，他们虽然十分想要达成最终的目标，但却不想去完成达成目标的这个过程，就像是经常在学校中有这样的学生，他们十分想要去考取某类职业证书，但在学习的过程中却总是逃避，对于考试的内容并不了解，与此同时再加上他们没有足够的自制力，因此这样他们其实是很难继续下去完成自己的目标的。

（三）避重就轻

在与他们合作完成学习或工作任务时就能够发现，有些人对于自己所要完成的事情在脑中是没有十分清晰的排序的，这也就导致他们没有在正确的时间去做正确的事。举例来说，当开始要准备写论文了，却迟迟没有去查阅相关的文献资料，而是去清理宿舍或处理邮件。与此同时，还有这样一部分人只热衷于去做那些能够为自己带来愉悦感和满足感的事情，往往这些事情的完成难度都不高，同时这些事情也与最终的目标没有任何关联。有的人十分注重自己所做事情的完成程度，一定要做到完美，如汇报工作的幻灯片中的图片或图表等都要求十分精致，但实际上这是完全没有必要的。除此之外，还有的人只是在表面上努力工作，实际上绝大部分都是在浪费时间，这在一定程度上是因为他们都将时间花费到了无关的小事上，这同时也是在逃避苦难的一种行为，他们认为自己不是没有做事，而是事情太多。上述的一些行为，就是"逃避反应"的典型反映，往往有这部分习惯的人都会选择去做一些无聊的小事，来逃避去做真正重要的事，以此来缓解对于不确定的未来的焦虑，以求得内心的暂时安宁。这就好像著名美国作家亨利·戴维·梭罗在《瓦尔登湖》中所写的那样："在人类的所谓游戏与消遣底下，甚至都隐藏着一种凝固的、不知又不觉得绝望。"[①]上面所提及的"游戏与消遣"其实就是一种对于现实的逃避，而"绝望"代指的则是对于未来达成目标的消极心态，是对于自身能力不自信的一种表现。

五、行动力缺失的成因分析

（一）缺乏目标或目标确立不合理

众所周知，目标就是最终人想要达到的目的或者境界，这一概念所限于的不仅是个人，对于组织或是其他部门也都是适用的，而组织或是部门中的个人所进行的行动都是以此为导向的。人们在进行某种行为时，总是有某个目标的，这是因为实现目标后人的心中会感到一种满足感的，在完成目标的过程中也使得人在行动的过程中的疑虑或不安被消除，一个行为过程也由此而结束。通常来说，我们认为一个目标既可以作为一个行为过程的最终结果，也是行为过程开始的条件和需要。通过调查研究发现，在哈佛大学曾经做过这样一个实验，就是对一些学生进行人生的跟踪调查，而这个调查的主题当然就是目标，所调查的对象也都是集中在智力、环境或学历等元素都没有差异的年轻人中，最终发现在他们之中，仅有极少数人有长期清晰的目标，大部分人对于未来的目标是十分模糊的。

再经过了 25 年后，调查发现，那些极少数的人几乎从来没有变更过自己

---

① 梭罗. 瓦尔登湖［M］. 成都：四川文艺出版社，2020.

的目标追求，他们在二十多年内的行为都是仅仅朝着自己的这个目标前进的，以至于他们最终都成为了社会上各个行业和领域中的响当当的成功人士，他们中不仅有创业者，还有社会的中坚力量。其中还有一些调查对象是具有短期目标的，而这些人最终都成为了社会不同领域中中上层的专家，他们都是在短期目标不断实现的过程中不断提升自己的精神和生活水平的，像是医生、律师等。而那些绝大多数的没有清晰目标的人，虽说他们都能够安稳地生活下去，不至于流离失所，但因为缺乏目标的指引，最终也只是碌碌无为，也没有做出什么特别令人骄傲的成绩。基于此，就有学者提出了对于"目标"的看法：目标在实际的生活中是具有极强的导向作用的，而现实中很多人就因为缺乏这一方向，而最终变得像是无头苍蝇一样，就算拥有极强的能力，也没有抓住机遇去施展自己的才能，这样是没有可能被发现的。而有的人虽说制定了自己的目标，但他们所制定的目标过于远大，以至于脱离实际，完全没有实现的可能，最终还是只能沉浸在失败的消极情绪之中；有的人则是定的目标过低，完全没有挑战性，这样就会导致自己缺乏前进的动力，也就自然没有想要前进的动力了。

（二）缺少对目标的分解

通常可以看到有的人对于自己的理想往往坐而论道，虽然理想看上去很饱满，但因为缺少对于未来目标的有效的分解，也没有执行具体的实施方案，这其实就只是一种笼统的想象而已。这些人缺乏行动力和执行力，对于自己未来的目标只有一个模糊的影像而已，没有具体的实施方向，这也就是导致了缺乏行动的出发点，也就无法保证自己现在的工作状态是否与自己未来的目标相吻合，也就无法最终体会到成功的喜悦，无法判断自己目前的工作效率和工作成果如何，日后又将如何日后的工作计划等做出安排，这些都无从下手。如果说我们空有一腔理想，但是完全没有实现目标和理想的路径和方法，这样久而之就会导致人们出现倦怠的情绪，放任自由，只是整日哀叹路途艰难，这样显然是无法最终达成自己的目标的。

（三）主动性差

顾名思义，主动性所指的就是在人在完成某项工作或学习任务时，是完全按照自己所制定的目标而前进的，在这一过程中没有依靠任何外力，是一种为人处世的品德。一个人是否具有主动性的品质是在一定程度上由个体的自身理想、价值感和动机等因素来决定的。我们通常会将工作层面的主动性分为几个层次：第一个层次——无须他人的劝导或提醒，就能够主动而积极地完成自己的工作内容；第二个层次——当上级安排好工作任务后，才会晓得去完成任务，但是如果领导不安排，就没有去主动寻找工作任务的意识；第三个层次——当上级安排完成工作任务后，经过了多次的劝导和提醒，才能够去完成，这时一种被迫的行为；第四个层次——当领导安排好工作任务后，有人告知具体的工作方法等，并且有人寸步不离去盯着，才能够顺利完成。往往这种不具备极高主动性的人，在完成最终目标任务时会遇到更多的艰难险阻，他们也不会为了达到既定目标积极努力，这样的人也往往会很容易受到外界的影响，最终放弃达成自己的目标。

（四）知识技能储备不足

从目前的社会发展状况来看，人类已经进入到了知识经济社会，知识总量与以往相比已经翻了许多倍，同时知识的翻番周期也已经由过去的 100 年缩短到了现在的 3～5 年。面对这样的社会现状，人们不得不及时更新自己的知识储备，才能在社会中有立足之地，才不至于被时代所淘汰。但是，有这样一个思想充斥在社会思潮之中，有一部分人认为知识都是无用的，不仅无用，还会对人造成一定的伤害。除此之外，还有一部分人没有对知识提起应有的重视，不重视知识的更新和补充，对学习也没有兴趣，也正是因为这样，当他们遇到一些难度较大、自己无法完成的任务时，就会发现以自己的知识储备量是无法应付这些难题的。与此同时，在工作的时候，有很多人目前所从事的工作与自己在大学所学习的专业是没有关联的，因而也就造成了"知识的掌握"和"知识的运用"之间的脱离。当自己在生活中遇到这一状况时，却只会抱怨生活，从来不想办法去解决眼前的困境，没有去学习新行业、新领域的知识和技能，因而当遇到新的基于和挑战时就束手无策，只得望洋兴叹。

（五）早期行动习惯培养缺失

研究发现，一个人行动力的缺失在一定程度上是与他们在幼年时期的成长行动习惯有关联的。在心理学理论中认为，一个人的习惯是一种固定的行为模式，是经过了长期的重复和练习之后所形成的。换句话来说，如果说一个人自小就养成了良好的行为习惯，那么他的行为模式也就会养成，行动自然就会具有目的性，做事的效率提升了，自然就能够找到解决问题的方法，但是在实际的生活之中，家长们在孩子还小的时候却只注重在兴趣等方面的培养上，忽略了在行为能力上的培养，因而就导致了他们从小在做事方面就没有养成良好的习惯，这也就是为什么会出现"慢性子"和"做事沉稳"之间的差距。只要沉稳的做事方法和手段一旦形成，这对于日后的学习和工作是具有很大的帮助的。

第二节　行动力提升

一、培养行动力的关键

（一）主动出击

众所周知，想要提升一个人的行动力，就要主动去挑战和面对困难，在这个过程中就会形成主动意识。而所谓的主动意识，指的就是在别人提出要求前，就主动自发地做好、完成。当我们有了这样的智慧和品质，不论日后处在任何行业中都能够有所作为。

举例来说，曾经有一家制药公司的研究主任，在经过了长时间的工作后，突然有了一个想法，那就是以往自己的工作内容侧重点都偏向于宣传和联络，有关客户的资料一直十分稀缺，而这也正是当时他所需要的东西，但是当他与自己同事谈论此事时，他们却对这个想法嗤之以鼻。但因为当时的这位的研究主任对这个想法十分看重，因而便向上方的领导毛遂自荐，最终得以实行这个方案。在方案的实行过程中，他每月都要上交一份"药品行销报告"，要完成这份报告，就必须收集大量的资料，长久以来，也有许多其他的同事加入到了资料的收集行列之中，经过了一段时间，终于公司也意识到了这件事的重要性，因而便命这位研究主任专门负责这份工作。

其实，在平常的日常生活中就可以发现，自己的许多灵感就是在外人不解和疑惑中消除，但是只要我们能够坚持自己的想法，不被外界的看法和意见所干扰，立刻行动，也往往会看到不一样的结果。人们通常把生活比作是一盘棋局，只有果断下子，才会有获胜的可能，而我们所熟知的一些成功人士就具有这样的优点。

（二）树立目标

改变自己浑浑噩噩的状态，认识到社会竞争的残酷性，做好个人的职业生涯规划，制定阶段化的目标和切实可行的计划，并严格要求自己，提高自己的工作能力和执行力。通过目标的牵引和危机感的推促，改变自己麻木不仁、安于现状、裹足不前的状态。

目标在我们生活和工作中所起到的作用包括：（1）目标能够使我们获得积极的生活态度，能够在生活和工作的过程中找到自己存在的价值和意义；（2）目标能够使我们看清未来努力的方向，可以让我们清楚地看到自己努力的过程；（3）目标可以帮助我们分清做事的主次，掌握轻重缓急，把握住在眼前的机遇；（4）目标能够保持我们的生活激情和工作热情，能够使我们勇往直前，获得勇气和胆量。

（三）磨炼意志

曾有学者认为，一个人要想做成大事，就必须要勇往直前，直面困难，当我们遇到越多的挫折，也就意味着我们越有可能做成大事，也越有可能成功，这样持续激励自己，成功自然指日可待。由此可知，当我们遇到艰难险阻时，就要下定决心，坚持去完成它，只有这样才有可能实现自己的目标。

（四）充分准备

众所周知，要想成功，我们首先要做的一件事就是要做好准备，这无疑是在完成任何工作和学习任务之前都必须要做的，只有准备充分了，当机会来到眼前，才有能力去抓住它。

俗话说得好，机会往往都是青睐于有准备的人，只有一个人对自己的未来的发展目标十分清晰，才能有针对性地提升自己的能力，在遇到机遇的时候才能牢牢抓住，施展自己的才华和能力。通常来说，在开展行动之前，我们要做以下一些准备。

（1）知识技能准备。众所周知，知识是可以最大限度地满足人类的学习和生活需求的，在获取知识的过程中，我们学习的不仅是知识本身，还有其内在的科学的思维方式，由此，经过这个过程，人们是可以获得十足的心理能量的。不仅如此，通过知识学习所习得的技能是经过反复的实践所验证过的，这些往往对解决生活和工作中所遇到的实际问题都是具有实践意义的，当解决了问题和困难后，自然就会感受到成功的喜悦。一般而言，对于青少年们来说，他们尚还年轻，自己的所从事的工作不论是否和自己大学时所学习的专业有所关联，都应该树立终身学习的意识，不断获取社会中的新知识，将所掌握的新旧知识联结起来解决问题。我们在社会中的核心竞争力就是知识和技能，只要掌握熟练，就可以对社会竞争具有较强的适应能力。

（2）思想准备。在开始任何工作和学习前，都应该做好充分的思想准备，因为好的心态会使得一件事情的完成事半功倍。

（3）信息准备。俗话说得好："知己知彼，才能百战不殆。"由此可知，信息掌握是至关重要的，只有先对情况有一个基本的掌控，才能在遇到问题时不乱了阵脚。

（五）持续关注

众所周知，一个人只能骑一匹马，要是同时用于两匹，势必要放弃一匹。

将这一观点应用到实际生活中，只要深思就会得知其中精妙，也就说做事情时要万分专心，要将那些影响自己的因素置之事外，将全部的精神集中放在一件事情上，而这意思就是要"持续关注"。所谓的"持续关注"所指的就是个体要将自己的注意力和行动力都集中在一件事上，也就是都集中在要完成的目标和任务上，通常将这主要分为以下两方面内容：首先是针对其中那些主要的任务和目标，要做的就是坚持，不仅是在困境中，在顺境中也切不可忘本，也要保持专注。其次是针对那些较为次要的行动和目标，对于这些事物要及时放弃。这同样也是解决企业危机的一方良策，这对于企业中那些事关核心的盈利项目就该专注继续下去，而那些亏钱的项目就应该及时关闭。在企业的发展过程中，如果十分顺利，那么也同时需要注意避免在无关紧要的事情上浪费过多的精力和财力，同样是要将关注点放在企业的核心项目上。

（六）注意关键细节

众所周知，其实现代人在智商上的差异是微乎其微的，不仅如此，在能力和知识的积累等方面的差异也是在逐渐缩小的。也正是因为这样，人与人之间的核心竞争力发生了变化，逐渐向细节化方向发展。举例来说，就是我们可以常常听到的"品牌差异化"竞争，在这场竞争中竞争者们的竞争点就在细节之中。从市场产品的现状来看，产品的差异不再集中在基础的质量和性能上，由此，这种差异就只能体现在产品本身的价值和创意上了。将这个道理等同在人身上也是一样的，一个人的一生不一定都是轰轰烈烈的，但是人的美好品德同样也是可以展现出来的，只要通过一些小小的细节，就可将一个人的品行窥探出一二，像不乱扔垃圾、不乱吐痰等。曾经被称之为"中国第一小提琴手"的吕思清认为，人的品德往往是从一些十分细小的事情中看出的，这也本着对工作伙伴和观众负责的态度，正是因为始终保持着这样的戒心，才使他不论是在何时何地演出，不论是为多少人演出，只要是有观众存在的地方，他都会竭尽全力。只要音乐一响起，就不再是简单的小提琴演奏，而是一种通过音乐的方式直击观众心灵的途径，是演奏者与观众进行心灵交流的有效途径。

（七）迅速行动

晏子说："为者常成，行者常至。"[①]行动未必带来好的结果，但不行动就永远不会有结果。行动，撬动梦想。说一尺，不如做一寸，想一丈，不如做一尺，任何事都立刻去做的人才是伟大的人。什么事情不怕自己不懂，只怕自己不做，边做边学，总会有成绩的。因此，要做行动的巨人！

人如果没有创造机遇的能力，就应该懂得如何去抓住机遇，这就是我们所说的"当机立断"，而这往往是考验个人能力的一条有效途径，一个有才华和能力的人自然懂得在遇到机会的时候究竟该如何做，而最好的办法显然就是立即行动。

（八）不要迟疑

当我们在行动的过程中发现之前的决定可能是错误的时候，切莫慌乱，这时候应该迅速纠正自己的行动，这样也是可以纠正最终的结果的，而不是回头重来。我们在开始一项工作或任务之前，往往都是习惯先将事情思虑周全之后再做，这当然是没有错误的，但这同时也是一种犹豫不决的表现。我们在平常做事情的时候一定要注意，当遇到问题或困难时，一定要当机立断，这样才能够继续向前进，根据之后的情况再调整之前所做的计划和安排，如果畏畏缩缩，这样就会丧失许多机会。

（九）坚持最后五分钟

俗话说得好："坚持就是胜利。"而在胜利前夕最常听到的话就是"坚持最后五分钟"。在选定好行动的目标和方向后，只需要朝着这个已经决定好的方向持续努力就是了，一定要坚定不移，万万不可半途而废。我们通常说，往往最黑暗的时刻就是黎明的前夕，这一段时间往往是最难熬的，但是只要坚持过了这段时间，将迎来的就是胜利的曙光。在这个世界上，总是有许许多多的人

---

① 李任飞. 晏子的智慧［M］. 济南：齐鲁书社，2020.

在遇到困难后选择放弃，就是因为没有坚持"最后五分钟"的理念和宗旨，在马上就要迎来曙光的一刻选择做了逃兵。由此看来，其实成功并不是十分困难的事情，而为什么又会有成功者和失败者之分呢？差距就是在双方有没有极强的行动力，只有充分利用自己的优势，才能有效执行，才能最终看到胜利的曙光。

二、提升行动力的原则

（一）执行开始前：决心第一，成败第二

其实，经过研究发现，影响一个人的行动力强弱的关键因素就是他自己的决心。可以试想，如果一个人已经开始了行动，还在犹豫不决，还在怀疑行动的正确性，那么势必会对日后的行动有所影响。如果不想去做的话，是可以找出千千万万的理由去拒绝行动的。而在这个时候，有一样东西始终在发挥作用，那就是人的决心。众所周知，在开始一项工作前，不仅要有缜密的考虑，还要建立必胜的信心。当认为自己无法完成某件事情的时候，那么就算你有能力，在不断怀疑自己的前提下，也是无法执行的。

（二）执行过程中：速度第一，完美第二

之所以说是"速度第一，完美第二"，原因就是完成任务本身比完成任务的质量更为重要，如果在完成任务的过程中一味地完善一些微不足道的细节，将关注点只放在一些小事情上，那么就大大降低了完成任务的速度。在当前时代背景下，人们所关注的不仅有产品的质量，产品更新迭代的速度也是企业间的核心竞争力，这就是一个"以快取胜"的时代。出拳速度往往是可以击败一个在体型上远大于自身的人的关键因素，当速度提升，拳头所爆发出的力量自然也是惊人的。在进行体育竞技运动中，我们也经常提倡"更高、更快、更强"，这不仅是奥运会的名言，也是企业运行的法则。

（三）执行结束后：结果第一，理由第二

在执行工作任务的过程中，就只相信已经发生的事实，只关心真实存在的

事情和数据，而对于别人的承诺从来都是丝毫不信的。工作的结果是至关重要的，这是因为我们就是依靠工作成果在社会或是公司中立足的，在遇到问题时不要总为自己找理由和借口。我们就是靠结果生存的，这确实是一条硬道理。

只要一直将关注点放在事情的结果，也是目标上，就有努力的方向，而相反，如果我们仅仅关注眼前的困难和问题，那么就会被吓到，自然是无法取得成功的。其实每个人都会经历成功和失败，这是人之常情，但失败本身其实并不是难以克服的，经过努力之后是可以避免的，所以说，我们可以成功或失败，但是绝对不能有放弃的念头。归根结底，在执行任务的过程，就是一个试错的过程，要想成功，首先就是要先行动起来。

三、培养行动的习惯

（一）起动

要想养成一个好习惯，光在嘴上说，却不行动，是无法最终养成习惯的，必须要起动，换句话说，当下定决心要养成一个好习惯后，就要立即开始行动，切不可怠慢，不能一直向后拖延，如果长时间这样下去，习惯是养不成的，也是无法成功的。

（二）摆动

职业经理人杰克·韦尔奇曾经说过："一旦你产生了一个简单的、坚定的想法，只要你不断地重复它，终会使之成为现实；提炼、坚持、重复，这是你成功的法宝；持之以恒，终将达到临界值。"①话中所提到的"坚持、重复""持之以恒"等词所指的就是"动"起来，而且还要不断地"动"，这也就是我们所说的"摆动"。只有经过了"摆动"这个过程，才能形成正确的观念，才能养成一个良好的习惯，才能影响到后续的工作活动，才能真正提升人的行动力。之所以称之为"摆动"，其深层的含义就是需要"动"达到一定的数量和时间，习惯才有条件养成。相反，如果仅仅是"动"起来了，但是在数量上没有达到

---

① 韦尔奇，等. 听国际企业领袖讲课［M］. 连清川，等译. 北京：国际文化出版公司，2003.

要求，这同样也是无法达成养成好习惯的目标的，这样的人是很容易半途而废的，在实际的生活中是很容易见到这样的情形的。在平常的生活中，提到有关"教育"的词汇都会提到"养成教育"，这也就是说现代的人们意识到了培养良好习惯的重要性，但往往在执行的过程中难解其中的深意，就会半途而废。在生活中我们会经常出现这样的情况：跑步只坚持三天，进社团仅几周就失去了最初的热情……这就是一个不断行动—放弃的过程，这个过程不断重复，势必会消耗一定数量的人力物力，但是却没有任何收益；相反，如果我们坚持下去，是一定会取得成果的。

（三）自动

只要一个人能够做到"摆动"，那就说明努力已经由量变达到了质变，这就是说一个好习惯已经养成了。随着事情的继续发展，就会有一种奇妙的现象产生，那就是——"自动"。

究竟什么叫"自动"呢？顾名思义，所谓自动就是不需要外在的施压和压迫，自己就可以完成接下来的工作任务，而可以保持"自动"的人往往在完成任务后就会感到心安，而如果没有完成接下来的工作任务就会忧心忡忡。或者也可以说，当人保持"自动"状态后，不论是不是有人在监督，工作的速度、质量都不会有丝毫差别，这种状态正是当下企业所期望员工们达到的状态，同样也是教师和家长期望学生们所达到的学习状态，这对社会的发展具有十分重大的作用。试想一下，如果在某些方面养成了良好的习惯，达到了这种"自动"的状态，无须外界的监督和敦促，自己就可以做许多对社会发展有益的事情，每天安排的工作内容十分充实，紧张有序，做起事情来又从容不迫，十分高效，在人际关系场上也如鱼得水，能够与周围的同事和朋友的关系融洽，到了这种程度可以说，这种生活和工作状态是十分理想的了。

（四）涌动

而经过了"自动"这一状态后，又会转向另外一种生活状态，那就是"涌动"。所谓"涌动"，所指的就是个人总是在自觉、不做声响地"动"，这体现在精神上其实就是"毅力"的表现。而经由实践发现，人们所向往的毅力其实就是来源于习惯。著名的麦当劳创始人克罗克就认为，毅力是无可替代的一种品质和美德，就连天赋和才能也是无法替代的，这是因为我们也经常可以发现那些有天赋和才能的人也是会失败的。就连教育也同样是如此，在社会中有多少人都是受过教育的呢？多少人是会遭遇失败的呢？只有毅力才是克服一切困难，最终帮助人们走向成功的。

（五）热动

当经历过了"涌动"这一阶段，就会进入到"热动"这一最终阶段，到了这时也就说明我们已经完全适应一个新的习惯了。

调查研究显示，一般养成一个好习惯需要 21 天。例如，坚持每天早上六点起床，只要坚持 21 天，自然就会养成早期的习惯。除此之外，一旦已经养成一个习惯要想打破，就需要行动来改变。一旦习惯养成之后，自然也能从中体会到愉悦的情绪，一般可以从以下三方面来进行论述。

第一，当养成一个习惯后，就会感到从内而外的舒适，内心也不会经常感到不安，而是处于一种十分安宁的状态。第二，当养成一个习惯后，就会发现日常生活变得十分充实。只要仔细琢磨就会发现，我们从早到晚都被各种各样的事情所充满，这些事情不但是对自己有好处，同时对于社会而言也是有好处的。与此同时，所养成的习惯都是经由自己设计后符合自己的工作和生活习惯的，虽然每天都很繁忙，但这个过程和消耗时间不同，其实是十分高效而健康的，这样也能保证生活变得丰富多彩和生机勃勃。最后，在养成习惯的过程中，势必会经历从"起动"到"热动"的过程，就会惊喜地发现自己的目标在不断地完善，自己的能力也在不断地提升，就是在这样的过程中不断有奇迹发生了，总是在突破自己，挑战自己，也在这一过程之中获得了快乐。

四、激发行动的六大步骤

（一）我要得到什么样的结果

首先要思考的就是要达到怎样的结果，像是通过大学四六级考试、找到理想工作岗位、达成工作业绩等。

（二）达不到目标有什么样的痛苦

在设定好要完成的目标后，不妨闭上眼睛静下心思考，试想如果没有达成预想的目标将会有什么后果，如考试挂科、失去现有的工作或不被认可等，同时，这类场景思考得越为详细，则对于我们日后的行动就越有帮助。

（三）不行动有什么坏处

不仅如此，还可以继续思考，试想如果没有行动将导致什么后果，如丢失上级的信任、生活失去动力等等。

（四）假如马上行动，有什么好处

仔细思考，如果马上参加行动，又会为自己的未来带来什么好处，像是争取到上级的信任、获得更好的工作业绩，以及个人价值被认可等等。这些都有可能在未来成为自己事业的转折点。

（五）制定期限，马上行动

不仅如此，在正式展开行动之前，还要为自己设下一定的时限，如在几个月时间内通过大学英语四六级考试。

（六）将行动计划告诉你的家人、朋友和领导

在真正的行动开始之前，可以现将自己的计划说给自己的家人、朋友或上级听一听，这样可以从其他人那里听到有关自己工作或学习的意见，进行先行检验，寻求他人的帮助，以为后来的行动提供一定的支持。

第七章　职业生涯管理

众所周知，职业生涯管理在企业的人力资源管理中是十分重要的一部分，企业也正是通过这一内容帮助员工们制定未来的规划和日后开展一系列活动。本章所主要讲述的就是职业生涯管理，从职业生涯的概况、职业生涯的诊断、职业生涯的选择、职业生涯的管理四个角度进行了论述。

第一节　职业生涯概况

一、生涯发展

（一）生涯发展内涵

生涯彩虹图将生涯长度、宽度及厚度作了立体、直观的呈现，但仅仅从长度、宽度、厚度三个维度来看生涯，还只是以静止的观点来诠释它的含义。对个体而言，生涯的意义绝不仅仅是用来静态分析的，而是更加要关注生涯角色如何在所处的环境（家庭、学校、社会环境、工作场所等）中通过各种有计划或非计划事件（如上学、入职、结婚、升职、生育、退休等）加以铺陈及演进，这种铺陈及演进的动态过程，便是生涯发展。角色、环境、事件是其关键要素。

（二）生涯发展阶段

不同的年龄所处的环境、所要承担的角色、所要面对的事件、所要完成的任务，都会有所不同，而不同的生涯发展阶段也就在这基础之上形成。舒伯总共将人的生涯发展阶段分为了成长、探索和维持等几部分。

1. 成长阶段（0～14 岁）

在一个人的成长阶段，他们主要通过家庭和学校来获得认同的，在这一阶段所发生的一些关键事件对于这一年龄阶段的人的未来发展是具有十分重大的作用的。在最早期的阶段，最为主要的特点就是需求和幻想。伴随着时间的发展，人们开始逐渐参与到了社会的活动之中，在个人能力和兴趣方面也有所转变和发展。在这个年龄阶段的人，他们往往开始逐渐认识到自己的本质，同时对于自己的未来发展也有了一个模糊的规划。

成长阶段主要可以被划分为三个时期：

（1）幻想期：处于这一时期的人多是处于 0～10 岁，在这一时期占据主要的便是人的需求，他们也十分沉浸于角色扮演游戏，这也是幻想的一种表现。

（2）兴趣期：处于这一时期的人多是处于 11～12 岁，在这一时期决定人行为的就是他们的兴趣爱好。

（3）能力期：处于这一时期的人多是处于 13～14 岁，到了这一阶段，人们更加看重自己的能力和水平，也正是因为这样，开始考虑自己的前途和未来。

2. 探索阶段（15～24 岁）

所谓的探索阶段，人们都是在不断试探不同的活动、工作或职业，而这多是在学校或社会的一些活动之中进行的。到了这个年龄阶段，人们意识到自己要面对的是对于未来至关重要的选择，多是对于职业的选择，这与他们自己的能力和水平是有十分密切的关系的，最终的职业将会以此为现实依据来进行决断，进行最初的就业工作。

探索阶段也大致可以分为三个时期：

（1）尝试期：处于这一时期的人多是处于 15～17 岁，在这一阶段人们开始进行职业的选择，他们多是通过在学校中进行讨论或是参加课外活动来进行不同工作的尝试，到这时人们要考虑的因素有很多，如兴趣、能力或是价值观等，以此为依据来进行未来的工作岗位的选择，我们发现职业的偏好逐渐具体化了。

（2）过渡期：处于这一时期的人多是处于 18～21 岁，到了这一年龄阶段，人们开始逐渐进入到就业市场之中，他们开始更看重专业层面的工作能力，更看重现实层面的因素，他们到了这时已经对自己的职业未来发展十分清晰了。

（3）承诺期：处于这一时期的人多是处于 22～24 岁，他们这时已经完成了初步的职业选择，甚至已经有打算将之作为长期工作领域的打算，除此之外还有可能再次重复探索的过程，职业偏好在这时已经有所确认了。

3. 建立阶段（25～44 岁）

到了人的建立阶段，这时人已经处于中年，职业领域已经稳步确定下来了，虽说所处的岗位可能有所变动，上级领导也会有所变化，但工作领域却不会有太大的变化。当人发展到了这个阶段，往往经过长期的实践和尝试已经确定了自己未来的发展领域，找到未来自己真正想要做的事，在这个过程中，他们不断提升自己的能力，人际交际圈不断扩大，已经在行业中的发展较为稳定了。

建立阶段可以大致分为以下两个时期：

（1）承诺和稳定期：处于这一时期的人多是处于 25～30 岁，这一年龄阶段，大多数人已经找到了自己所热爱的事业，并处在行业领域中的地位相对稳定未来，同时因为对于物质或精神领域的需求不同，会略微做一些调整。

（2）提升期：处于这一时期的人多是处于 31～44 岁，这一年龄阶段的人往往是十分具有创造能力的，经过了一段时间的实践后，在工作中可以做出十分优越的成绩，资历也在不断增长，这对于日后的职业发展是很有帮助的。

4. 维持阶段（45～64 岁）

当人发展到了 45～64 岁，已经能力在事业中的发展较为成熟了，但是在创意方面的表现略有不足。当面对工作中新人的挑战后，会选择全力应战。到了这一时期，我们要接受在自身在某些方面的不足，对于工作中遇到的难题仍会选择迎战，发展新的方向和技巧，以维持自己在当前工作领域中的地位。

5. 衰退阶段（65 岁以后）

众所周知，人一旦到了 65 岁以后，在工作能力和身心健康等方面都有所减弱，开始渐渐退出一线的工作任务，逐渐开始发展自己的新的身份和角色，但是这都是非职业性质的，所适用的都是退休人士，所做的事情也都是自己真正所喜爱的，但在工作时长上已经远不如前了。

衰退阶段可以大致分为两个阶段：

（1）衰减期：处于这一时期的人多是处于 65~70 岁，因为精力的减弱，因而在工作速率上已经远远达不到之前了，在工作的内容和性质层面也逐渐适应了身心方面的变化。

（2）退休期：处于这一时期的人多已经达到了 71 岁甚至更为年老，绝大部分人都会选择结束目前的工作任务，转而将自己的大部分精力都放在义工或休闲活动之中。

对照舒伯描述的发展阶段，大学生需要重点关注目前所处的探索阶段和毕业后进入职场即将经历的建立阶段。大学生已经度过了成长期，大学阶段基本上属于探索阶段的过渡期，发现并明确自己的职业倾向，这也凸显了大学生进行自我探索和外界探索的重要性。大学生毕业后经过进一步的探索，尝试实现自己的职业倾向。之后经历建立阶段，开始稳定工作，并努力提升自己的工作业绩和工作地位。

二、大学生生涯发展

处于探索阶段的大学生的生涯发展。他们面临从学校到职场的重要转折期，其生涯发展有一定的特殊性。

（一）过渡性

对于很多人而言，大学阶段是最后的校园时光，大学生的角色单一、任务纯粹，成为青春时期的美好回忆。步入社会之后，职场人、夫妻等新角色逐渐加身，环境要求更为严苛，入职、结婚等关键事件密集而至。可以说，大学与职场的环境、角色、事件等方面的反差超过了小升初、初升高等以往任何一个转折，衔接难度也超乎往昔。大学阶段如何准备才能顺利实现从校园到职场的过渡，并促进未来长远的生涯发展，成为大学生生涯发展必须面对的问题。

（二）自主性

相对于之前的中小学阶段或者之后的职场时期，大学生所要完成的任务中，外界规定（例如必修的课）的比例相对较低，自选的比例较高。换句话说，大学阶段无论是在时间的安排上还是各类事件的选择及参与度上，都有着较大的自主性。也正是这种自主空间，使大学生生涯发展的自我管理显得尤为重要。

（三）差异性

大学的学习以专业为单位进行。而全国有 4 000 多所高校、500 多个专业，学校及专业的分化本身就给学生的生涯发展提供了差异较大的环境。另外，"人如其面，各个不同"。较之中小学生，大学生的个人特点更为彰显。这些个人因素的介入，更使生涯发展轨迹及形态具有较大的差异性。

三、大学生职业生涯发展

由生涯的讨论可知：从生涯的长度看，职业生涯占据了其中大部分的时间；从生涯的宽度看，职业生涯关乎其中重要的角色且构筑了许多其他角色的基础；从生涯的厚度看，职业生涯角色是单位时间内需要投注精力最多的一个。因而可以说，职业生涯的发展直接决定了整个生涯发展的状态和满意度。对大学生来说，职业生涯又是承接学习生涯的出路，对它的关注具有很强的现实意义。

（一）职业生涯

职业生涯对于一个人的一生而言至关重要，是他们进行职业角色准备和演进过程的必经过程。而通常会将职业生涯分为两大部分，有外职业生涯，自然就有内职业生涯。与此同时，能够影响职业生涯的因素其实有很多，而且有的还十分外显，如职务变迁或职业发展等，这些都是十分容易观察到的，这也就是所谓的外职业生涯。而剩下的影响因素则较为隐含，也不易被人观察得到，通常都是个人对于自己职业生涯的态度和情感体验等，这就是所谓的内职业生涯。通过研究发现，一个人的职业生涯是没有明显的阶段划分的，反而是更为看重个人最终获得成功之后的喜悦情绪。

（二）大学生职业生涯发展

职业生涯发展是长期的、动态的、多层面的过程，至少涉及职业生涯起点、职业生涯阶段及职业生涯路径三方面的内容：第一，职业生涯发展的起点。即如何开始人生的第一份工作：从事什么类别的工作？在什么样的单位从事这份工作？第二，职业生涯发展的阶段。漫漫几十年的职业生涯，经历哪些发展阶段？每个阶段的任务、要求、感受等有何不同？第三，职业生涯发展的路径。所在职场中有哪些常见的职业生涯发展路径？

总体来讲，职业生涯涉及一生的工作历程，是一个既彰显了职业外在特点又蕴含了内在特质的概念，在职业生涯的发展过程中，要考虑到起点的选择、不同阶段的任务安排以及发展路径的选取。

严格意义上讲，大学生还处于职业角色准备的阶段。需要在了解自我及外界的基础上，找到自身职业生涯发展的起点，做好职业生涯规划，并践行规划且懂得适应性调整。就外职业而言，需要完成找工作的历程，实现学生到工作者的身份转换。就内职业而言，需要学会自我定位，树立职场生活的正确理念并铸就相应的本领。

第二节　职业生涯的诊断

进行职业生涯路线分析，我们要重点考虑三个问题：第一，我想往哪个方面发展？这取决于自己的兴趣、价值、理想和动机等。第二，我适合往哪个方面发展？这取决于自己的性格、特长、技能、经历等。第三，我可以往哪个方面发展？这取决于社会环境、经济环境和组织环境。

每一个个体都是独特的。而人和人之间存在差异也是必然的，不仅是在身体素质和智商方面，其他方面也同样是如此。众所周知，职业就是社会进行分工后的成果，但是不同的工作岗位自然对从业者也是有不同的素质要求的，这也是职业多元化的原因之一。每个人的个性的不同也决定了他们所适用的岗位是不同的，他们不可能在每个职位上都做得十分出色。由此可知，当一个人的性格和职业在多方面都契合后，自然对于双方都是有好处的，这也就是我们所说的"因素理论"，这一理论中所倡导的就是在进行职业选择的过程中要将自身的天赋、能力水平、限制条件和兴趣爱好等考虑清楚；同时要对社会中不同工作领域的岗位的优缺点、薪资水平和未来发展等都要有较为清晰的认知。

一般情况下，在进行职业选择和设计时会遵循"三步范式"，这也是进行职业生涯规划时的黄金理论，在不断的实践过程中不断被完善和发展，也因此提炼为大致三个规划步骤：首先就是进行个体分析，意思就是对自身或他人的身心特点和个人能力有较为清晰的了解，其次就是分析不同的工作岗位所需要的从业者的自身素质，以此为依据来寻找合适的工作者，也是以此为依据来进行职业推荐的。最后，就是个人在了解了自身的特点后，借助指导者的帮助进行职业的最终选择，选择一项既适合自己又可以满足自己兴趣爱好的职业。重要的是，在进行职业匹配的过程中，可以充分运用 SWOT 分析，这是一个十分有利的工具。

随着社会分工的发展，由霍兰德逐渐对职业匹配的理念进行了完善和深化，他主要将人所处的工作环境分为了六大部分，并且同时还将不同的工作岗位划分到了不同的工作环境之中。

在霍兰德眼中，工作者和职业匹配之间的关系是有基本三种的：其一为入职协调，意思就是人的个性与职业发展十分匹配，劳动者在这样的工作环境中是可以获得极高的满意度的；其二为入职次协调，意思是工作岗位和劳动者的个性十分相近，当劳动者进入到新的工作领域中，就需要通过自己的努力来获得满足感的；其三为入职不协调，就是说劳动者本人与职位的岗位匹配度十分低，甚至是完全排斥，当劳动者进入到这样的工作环境中，是很难发挥自己的才能的，也很难会获得成就感。

第三节　职业生涯的选择

一、职业生涯选择概述

著名的职业锚理论最初是由埃德加·H·施恩的研究小组所提出的，他是一位在美国的职业规划领域具有"教父"地位的职业指导专家，而这个理论也是在其所就职的麻省理工学院的毕业生经过调查研究推演形成的[①]。

所谓的职业锚，所指的就是人的内在理想，也是人在面对重大职业选择时所潜藏在内心深处的价值观念。显然，职业锚所注重的不仅是一个人的工作能力，还与一个人的工作动机和价值观等有着十分密切的关联。经过深入研究发现，一个人的职业发展与职业锚是紧密相连的，是一个人稳定自己职业的贡献区和成长区。往往企业员工都是将职业锚作为自己的稳定机制，通过职业锚我们可以获得职业发展和个人生命与家庭生命的延长和变化成长。我们一般情况下可以将职业锚分为以下这几种情形。

（1）技术/潜能型。他们追求在技术和潜能层面的提升，以及在工作中不断追寻获得这种技能的机遇。这类人往往是依靠自己的专业技能水平来生存的，当他们面对来自专业领域的挑战时，会直面迎战。

（2）管理型。对于具有这类职业锚的人，他们在工作中所做的一切工作都是为了获得职位的晋升，他们对于参与管理活动，是具有良好的管理组织能力的，可以独自负责一个大项目中的一部分，还可以与其他部门的人合作完成其他部分的工作。这部分人在工作时往往会将自己的成败与得失与公司紧密相连，而技术和潜能只被看作是自己通往成功路上的工具。

（3）自主/独立型。往往追求独立自主的人是希望能够自由地安排自己的工作时间和工作任务的，他们对于工作环境的要求是十分高的，期望能在一定的环境范围内施展自己的才能，但是又不能被组织所束缚和制约。甚至，他们愿意放弃升迁的机会来追求独立与自由。

（4）安全/稳定型。这部分人在工作中追求安全感和安定感，他们因为清楚未来的成功，从而在工作的过程中并不会感到十分紧张，但是他们对于自己的财务状况还是十分关心的，如退休金等。

（5）创业型。创业型的企业员工有远大的抱负，期望在工作过程有施展自己才华的空间，甚至为了达成自己的目标去冒很大的风险，期望在最终有独属

---

①　黄奕盈，彭璃，黄钰婕，等. 独立学院财会类大学生职业生涯规划教育中职业锚理论的应用［J］. 科学咨询（教育科研），2022（10）：45-47.

于自己的产品或服务。

（6）服务型。具有服务型职业锚的人期望获得别人的认可，这就是他们工作的核心所在，如帮助别人脱离险境或是消除疾病等，都属于此类。他们一直在寻找可以获得认可的工作岗位，就算是位于不同的公司或企业之中，他们的这种理念也从未改变。

当一个人刚刚步入职场，所能选择的范围是十分狭窄和有限的，这是必然的，因而为了达成自己的目标，就只能自己主动去适应周围的环境，这是大多数人在面对这样的情况所作出的选择。虽说在最开始，这份工作是会为自己带来一定的安全感和稳定感的，但随着时间的增长，就会出现"路径依赖""机会成本"等现象。虽说我们已经成功迈出了第一步，但因为惯性的存在，我们不得不迈出下一步，以至于剩下的时间可能都是在惯性的带动下来完成职业生涯的。由此可知，我们在初入社会所选择的第一份工作是至关重要的。

我们希望做我们想做的"伟大"的事，却被人分配到一个很细微的繁琐的工作岗位上。寻求具体做事的意义，是人类最深层次的呼唤，然而，烦恼并不是事物的本身，而是对事物的认知。意义是我们主观赋予事物的。每个人的人生都会受到很多历史和现实环境的限制，没有太多选择的自由。如果一个人总在想，我只有得到我想做的工作，我才快乐，可能一生都是在苦闷中度过的。如果我们决定不得不做某件事时，一定要选择积极的心态和快乐的心情去做，要学会"乐业"。

二、现状与对策

（一）职业生涯选择与就业指导存在的问题

1. 学校重视程度不够

因为受到传统观念的影响，我们只关注眼前的专业技能和理论知识的学习，对于那些具有实践性质的未来职业生涯规划往往没有受到任何重视，这其实也与我国传统的高校教育体系有很大关系。但是随着高校的扩招，越来越多的毕业生进入社会，但工作岗位十分有限的，就业形势严峻，因而针对这样的现状，有很多高校都开始逐步开设与职业规划有关的理论和实践课程，但是因为建立时间过短，相关课程的教育体系还并不是十分完善，尚处于探索阶段。

2. 教师业务水平不足

从目前的高校教育现状来看，普遍所存在的问题就是师资队伍建设尚不完备，往往相关的就业课程都是由辅导员或行政人员来担任。大学生的相关就业指导课程的授课教师应当具有相关职业规划知识、素质教育能力和人力资源管理能力等，只有这样才能保证最后的教学效果。

3. 学生职业规划意识不强

显然，高校就业指导课程的主体就是学生，但是因为中国传统教育观念的影响，应试压力和升学压力大，由此他们都将自己的关注点放在专业相关的课程学习上了，这也是为什么他们缺乏职业规划意识。在学校，学生所学习的东西都是十分有限的，他们其实对于自己所学习的知识和市场就业都尚不清晰，只有在邻近毕业时才会意识到就业的压力。

（二）职业生涯选择与就业指导的实施策略

1. 明确就业方向

众所周知，大学生职业规划方向的确定对于大学生而言是十分关键的，这是因为它是学生们日后发展目标的基础所在，是指导方向，个人的职业规划的具体化成果也就是我们的职业生涯规划。学生在初期阶段对于未来的规划不清晰，这是必然的，在这时就需要教师、学校和家长给予一定的帮助，这都是以学生的兴趣爱好和专业发展为基础的。经过研究发现，我们认为职业生涯的规划是一次性无法完成的，这就需要教师根据学生们的实际情况来安排，调整就业方向，进行志愿评估，以此来提升学生的就业率。

2. 个性化职业发展

在进行职业规划的过程中经常提到的人职匹配，并不是一味追求个人在薪资酬劳和舒适度等方面，而是要根据个体的兴趣爱好和志向，以及实际的能力水平等来规划未来的发展方向，这些都与用人单位的要求都匹配后才能完成就职任务。在一定程度上，个体的兴趣爱好与未来工作的稳定程度是有十分密切的关系的，而学生们也应追求与自己的就业方向大致相同的岗位，以此才可以日后在较为轻松和舒适的环境下实现自己的价值，成就自己的理想，而不是一味追求所谓的待遇和地位。

第四节　职业生涯的管理

当自己已经明确了自己的大致未来工作方向和兴趣点后，多去尝试不同的方向，尽量可以将自己的兴趣爱好运用到工作岗位上，将那些不能发挥自己能力才华和潜力的工作机会不再放在自己考虑范围内。在决定好大致的方向后，应该静下心来，进行一个较为清晰明确的职业规划，这份职业规划应当确定自己的工作方向是在自己的理想和兴趣的基础之上。从一方面来看，这份规划可以最大化利用在校的机会进入理想的公司企业或工作岗位；从另一方面来看，也要十分注意，对于未来的规划切不可盲目自大，要一步一步来，脚踏实地，循序渐进，应当在选定一个大方向后不断向目标逼近，在这过程中也要根据变化不断进行调整。按照这样的步骤，一个人也是可以从技术支持工作方位走向技术开发岗位的，进入一个一流的龙头企业都是有可能的。著名的企业家李开复曾经在公开场合谈论过自己的职业生涯，他认为我们固然可以拥有一个远大的理想，但是在进行具体的职业规划过程中，我们最好利用"两步计划"法，也就是先为自己制定一个 3～5 年左右的短期目标，然后经过咨询后确定实现目标的路径和方法，之后大致将这过程分为两步。

例如，如果你的下两步是想进入微软营销部门做销售，那么现在你可以去做一下咨询，然后你可能会发现这个部门从不雇应届毕业生，但是这个部门需要不少技术人员做售后服务，而且有不少这种技术人员在一段时间后能够转做销售。那么你的"第一步"就可以先申请售后服务的职位，然后再通过努力做到销售。

进入工作岗位工作，随着工作经验的积累和人生阅历的丰富，人们通常希望在职位、薪水等方面得到持续的上升。但一段时间以后，很多人会在本职岗位上进入一个平台期。

在任何组织中，能够得到晋升的人总是少数，虽说大多数人在经过了一段时间的锻炼后能够熟练掌握自己的工作内容了，但在此之后却是再也学不到什么新东西了，也就称不上获得满足感了。但是，显然到了这个年龄阶段后，到临近退休这些人还有大致 20～25 年左右的职业路要走。但是十分幸运的是，现代的职业现状环境已经不复从前了，这个新时代的大环境为人们提供了更多施展自己才华的空间，有相当一部分人成为了自由职业人。

在传统的工作模式下，多数人可能在同一工作岗位上一干到底，直到退休。但是，还有这样一部分人，他们会多换几份工作，较早就开始进行自己的职业生涯规划，这样就可以使得自己获得成长。在当今的知识经济社会中，我们期望每个人都获得成功，这是不可能的，因而对于大多数人来说，只要避免失败就可以了。可是，经过长期的实践后发现，只要是存在成功的空间，存在失败也是必然的。因而，在社会之中就存在了这样的一个"大人物"领域，意思就是存在一个人可以发挥出极大的影响力，这个人同样在家庭中所发挥的作用也是不可小觑的。由此可知，在进行一项任务过程中，是需要找到一个可以使得自己成为领袖的其他工作领域，这或许是完全不同的第二份工作，也可能是一份与之平行的一份创业机会。

发展第二职业的方式，大致有三种：第一种方式是将自己的身心完全投身于全新的职业之中，这通常也需要我们从一个组织转向另外一个组织。举例来说，有人可以从一家企业的事业部会计成为一家医院的财务总监，这看起来第二份职业的工作领域与上一份是十分相似的，但是也有人走入了完成不同工作领域。例如，有一名中层管理人员在一家公司工作了 20 年，但是他辞去了工作，选择进入一家学校进修，这是因为他认为自己已经无法在上一份工作中获得成长了，因而改做另一份工作。

第二种方式是发展一个与第一份工作平行的工作，这种情况大多数是发生在第一份工作遇到困难和瓶颈的时候。例如，一位高校的青年教师发现自己的才华无法在自己的学校中获得成长，因而同时选择进入到培训领域继续发展自己。

第三种方式是开展社会创业。通过调查研究发现，社会创业者往往在自己的第一份工作中已经做得十分成功了，他们虽仍然对自己的工作抱有热情，但是因为他们认为自己已经无法再获得成长了，不再具有挑战性了，面对这种的情况，他们选择在维持原来工作的基础上，同时开创另一份新的工作。

参考文献

[1] 张雅娟，张发斌，杜富裕. 大学生就业指导［M］. 上海：同济大学出版社，2019.

[2] 王元福. 大学生就业创业教育［M］. 北京：北京理工大学出版社，2020.

[3] 张晓燕. 基于"双能"提升的高职大学生自我管理研究［M］. 徐州：中国矿业大学出版社，2015.

[4] 朱利莎，张远鹏，杨艳. 大学生职场核心能力训练教程 1 自我管理［M］. 成都：西南交通大学出版社，2021.

[5] 李宁. 大学生心理健康与自我管理研究［M］. 秦皇岛：燕山大学出版社，2019.

[6] 张岩松，刘志敏，高琳. 新编大学生职业核心能力训练丛书 新编自我管理能力训练［M］. 西安：西安电子科技大学出版社，2015.

[7] 张琦. 高校大学生自我管理能力提升研究［M］. 北京：九州出版社，2021.

[8] 史秀云. 当代大学生的自我管理［M］. 长春：长春出版社，2017.

[9] 朱芳转. 高校大学生行动力培养调查分析［J］. 教书育人（高教论坛），2018（36）：18-20.

[10] 何欣欣. 大学生时间管理倾向与社会支持的相关研究［J］. 心理月刊，2021，16（21）：40-43.

[11] 毛君，胡在东，贺方云. 大学生自我管理与生涯规划研究［M］. 北京：现代教育出版社，2013.

[12] 李建平. 大学生自我提升管理［M］. 成都：四川大学出版社，2019.

[13] 黄琳，黄东斌. 大学生职业生涯规划与自我管理［M］. 北京：人民邮电

出版社，2018.

[14] 尔杰草. 大学生心理问题研究与自我管理的多维思考［M］. 长春：东北师范大学出版社，2017.

[15] 林昌榕. 创新创业教育对大学生职业生涯规划的影响［J］. 知识窗（教师版），2022（10）：60-62.

[16] 姚则会. 大学生自我管理：目标愿景、体系建构与路径选择［J］. 齐齐哈尔大学学报（哲学社会科学版），2022（09）：156-160.

[17] 谢婷婷. 人才培养视角的大学生自我管理能力实施路径研究［J］. 才智，2022（26）：175-177.

[18] 王雅婧. 机器人产业迈向高端［N］. 中国纪检监察报，2022-08-29（005）.

[19] 高远. 心理学视角下大学生自我管理能力培养与提升［J］. 山西青年，2021（22）：162-163.

[20] 韩潞. 大学生自我管理能力的培养策略［J］. 公关世界，2021（12）：31-32.

[21] 侯润茜，张家鼎，李冰，等. 独立学院大学生自我管理能力调查研究［J］. 知识窗（教师版），2021（04）：126.

[22] 席仪琳，徐红，张欣柳，等. 新时代背景下大学生自我管理情况研究［J］. 长江丛刊，2021（08）：50-51.

[23] 纪同娟，李魁明. 大学生自我管理能力培养的探索与实践［J］. 现代职业教育，2020（44）：4-5.

[24] 杜铷. 提升大学生自我管理能力研究［N］. 贵州商学院学报，2020，33（03）：74-78.

[25] 张英楠，张哲，赵治彬. 大学生自我管理能力提升的困境分析与改善策略［J］. 学园，2020，13（19）：85-86.

[26] 李勇，刘庆莉，管慧，等. 大学生不良情绪的问题分析及引导对策［N］. 深圳信息职业技术学院学报，2018，16（02）：91-99.

[27] 崔涛，张琛麟. 当代大学生不良情绪的成因与疏导［J］. 中小企业管理与科技（下旬刊），2015（02）：262.

[28] 李天兵. 论大学生不良情绪的疏导和健康情绪的培育：基于"复旦投毒

案"对大学生思想政治教育的警示［J］. 学理论，2014（35）：276-277.

［29］ 白振玉. 大学生职业生涯规划与创新创业能力提升策略探究［J］. 山西青年，2022（22）：130-132.

［30］ 杨洋. 高校大学生职业生涯规划中常见的心理健康问题及解决对策［J］. 教书育人（高教论坛），2022（27）：57-59.